品成

阅读经典 品味成长

语音写作

SPEECH - TO - TEXT WRITING

粥左罗◎著

人民邮电出版社

北京

图书在版编目（CIP）数据

语音写作 / 粥左罗著. -- 北京 ：人民邮电出版社，
2025. -- ISBN 978-7-115-67824-9

Ⅰ．H05

中国国家版本馆 CIP 数据核字第 2025JG4349 号

◆ 著　　　　粥左罗
　　责任编辑　孙　睿
　　责任印制　马振武
◆ 人民邮电出版社出版发行　　　北京市丰台区成寿寺路 11 号
　　邮编 100164　　电子邮件 315@ptpress.com.cn
　　网址 https://www.ptpress.com.cn
　　天津千鹤文化传播有限公司印刷
◆ 开本：787×1092　1/32
　　印张：6　　　　　　　　　　　2025 年 7 月第 1 版
　　字数：67 千字　　　　　　　　2025 年 9 月天津第 2 次印刷

定价：49.80 元

读者服务热线：（010）81055671　印装质量热线：（010）81055316
反盗版热线：（010）81055315

序言

任何人都可以马上开启语音写作，开发 10 倍潜能，爆发 10 倍产能

你好，我是粥左罗，一个终身写作，也终身教写作的"90 后"创业者。截至 2025 年，我已经写作 10 年，教写作 7 年。

过去 7 年，我已经出版写作方法类图书《学会写作》《学会写作 2.0》，帮助 20 余万人提升写作水平。目前，每个月仍然有超过 2000 人报名我的

写作训练营学习写作。如果你想听免费的写作公开课，欢迎关注我的视频号"粥左罗"。

从 2025 年开始，除了继续教写作方法，我还不遗余力地推广新的写作形式给更多人，那就是语音写作。

最开始我们用纸和笔写作，现在我们用键盘打字写作，再过 5 到 10 年，会有很多人从键盘打字写作转换到语音写作。

语音写作是未来，但很多人并未拥抱未来。认知不足是行动的最大阻碍。很多人都听说过语音写作，但迟迟未开始语音写作，究其原因，大多是认知问题。

有些人对语音写作有各种各样的偏见，比如：

- 我写作水平一般，还不能进行语音写作；

- 我口头表达能力差，不适合语音写作；

- 语音写作错别字多，口头禅多，口语化严重；

- 语音写作的内容质量差，逻辑差；

- 语音写作需要修改的太多，反而更浪费时间；

- 语音写作只能在安静的环境中进行；

- 语音写作只能记录碎片想法，不能用来写文章；

- 语音写作需要专门的设备和软件。

除了以上这些，你可能还有关于语音写作的各种想法。事实上，其中大部分都是误解和偏见。因此，你需要通过阅读这本书来重新认识语音写作。

此外，还有些人不用语音写作，是因为低估了其价值，认为语音写作不过就是简单的语音转文字，并没有其他价值。

语音写作，是一场有关写作的生产力革命和创造力革命，可以在 10 倍提升你的写作产能的同时，10 倍激发你的创造潜能：写作速度 10 倍提升，写作场景 10 倍丰富，降低写作行动门槛，减少写作压力和内耗，留出更多思考时间，保证思考的连续性，减少思考到输出的损耗。

同时，语音写作还有很多非写作价值，如锻炼思考速度，锻炼语言组织能力，锻炼专注力，锻炼沟通表达能力，提升气场和自信……

以上这些，本书都有详细讲解。

如果你相信语音写作是未来的趋势，有尝试新事物的勇气，有改变习惯的耐心，希望成为最早一批真正开始全面实现语音写作的人，那么，现在就开始阅读这本书，并开始语音写作吧！

也欢迎你通过我的公众号"粥左罗"参加我的写作社群、写作训练营。一个人写，不如一群人一起写。

也许你最初接触写作，是因为你想通过写作增加收入，但我希望更多的人学会了写作之后，能够发现写作远超过增加收入的巨大魅力和价值，最终达到一种最理想的状态：写作变成了一种生活方式。

也希望大家能跟我一起带动身边的人学习写作，也一起推广语音写作，让更多人受益。

目录

解码本质：语音写作的底层逻辑

第一节

认知革新：语音写作重新定义写作习惯

一、输入方式的变迁

从电脑键盘到无线蓝牙小键盘，再到无键盘语音输入，我的写作输入方式发生了显著的变化。

2010 年，我考上了北京的大学，以提升学习效率为由，向父母申请购置了人生中的第一台笔记本电脑。我来自农村，受当地教学条件的限制，计算机课程仅能给学生提供有限的实践机会，因此我未能熟练地掌握打字技能。进入大学后，看着舍友们熟练地使用键盘打字聊天，而自己却只能以"一指禅"的方式缓慢打字，我深感自卑。在舍友的指导与帮助下，我下载了打字练习游戏，坚持每日练习至少半小时。持续练习了近一个月，打字速度才有所提升，但仍不够熟练。

2015 年，我进入新媒体行业，正式开启写作生涯。此后的每日，我都需要使用电脑键盘进行大量文字创作。我有一张颇具传奇色彩的照片——磨损的电脑键盘。这张照片在我的写作社群广为流传。自 2015 年起，我一直使用照片中的这台电脑写作，每年产出文字超百万，连续数年的敲击使键盘磨损严重。经过这段时间的打磨，我成长为爆款文章作者、新媒体讲师，并打造了百万粉丝的自媒体账号。

2022 年，我产生了对蓝牙小键盘的需求。因为日常出行携带电脑过于麻烦，而且手机功能日益强大，电脑的使用频率逐渐降低，但写作需求依旧存在。于是我开始研究蓝牙小键盘，测试多款后，我终于找到了一款合适的，便开启了携带手机与蓝牙小键盘写作的模式。尽管其便利性不及电脑，但足够满足我的写作需求。然而，这款小键盘使用数月后就被我闲置了。

2023 年夏天，我开始尝试语音写作。起初，我这么做是基于使用人工智能（Artificial Intelligence，AI）工具的考量，认为语音输入后，可以用 AI 对内容进行润色。但后来我发现，语音写作本身就是一场重要的写作革命。如今，即便有再精良的蓝牙键盘或折叠小键盘，我也不会再使用。因为语音写作的效率与便利性远超前者，携带装备也更为轻便。现在，我已经鲜少开启电脑，出门更是轻装上阵，仅靠一部手机就能完成写作。目前你所看到的这本书，便是我通过语音写作来完成初稿的。除了写书，用语音撰写一节写作课的内容，快则半小时，慢则 1 小时左右，真正实现了产能的 10 倍提升，这也是我在自媒体与知识付费领域高产的秘诀之一。

二、语音输入

如何开启语音写作之旅呢？我建议你可以从语音输入起步。

做到这一步，需谨记一个核心要点：在日常生活中，凡是需要打字的场合，你都要尽量克制手动输入的习惯，转而使用语音输入。

包括但不限于以下场景：

- 与他人微信聊天时，采用语音输入转换文字的方式；

- 撰写邮件时，使用语音输入；

- 读书做笔记时，使用语音输入；

- 阅读文章后留言，使用语音输入；

- 在短视频平台观看视频后发表评论，也使用语音输入。

甚至在一些更为细微的场景中，你也要坚持使用语音输入：

- 添加他人微信，发送验证信息时，即便只有寥寥数语，也通过语音输入完成；

- 对微信好友进行分组、贴标签时，尽管只是简短的文字，同样使用语音输入；

- 发布朋友圈动态，哪怕仅有一两句话，也坚持语音输入；
- 在购物网站搜索商品时，改变手动输入关键词的习惯，改用语音输入；
- 在微信、抖音、小红书等平台上搜索信息时，也采用语音输入进行搜索。

总之，你可以在大部分场景将语音输入作为首选方式。经过大约 10 天的练习，你便能为语音写作打下坚实的基础，告别手动打字的时代。

三、语音写作

养成语音输入的习惯后，你便可以顺利过渡到语音写作阶段。

无论是记录日常思考、学习收获、读书感悟，还是撰写公众号文章、短视频文案、课程内容、演讲稿，甚至撰写书稿，你都可以通过语音写作来完成。练习语音写作，建议你从简单到复杂，从短篇到长篇，逐步推进。

起初，你可尝试针对一个小主题进行 300 到 800 字的语音写作，围绕主题简单展开，并举一两个例子即可。坚持这样练习两个星期到一个月，随着对语音写作的熟练程度不断提高，你会逐渐适应并能够完成内容更复杂、篇幅更长的写作任务，最终实现语音写作完全取代键盘写作。

四、全新的写作习惯

语音写作一旦成为习惯，将给我们带来以下这些便利，促使我们养成全新的写作习惯。

（一）随时写作

常有人询问我的写作时间安排，实际上我并没有固定的写作时段，既无须专门早起，也不必在睡前或下午特定时段闭关创作。我的写作时间是灵活的，任何时候有写作冲动，产生了写作灵感，便打开手机备忘录，开启语音写作模式，短短 10 分钟，便能完成一篇小文章。

（二）随地写作

写作地点同样不再受到限制，无论是在办公室还是在家里，无论是在出租车上还是在咖啡店里，无论是在路上还是在厕所，只要你掏出手机，便能随时随地对着手机进行语音输入，开启写作之旅。

（三）一切皆写作

在听课的过程中，你也可以随时暂停，记录下自己的思考与感悟；阅读文章、图书，观看短视频、直播时，亦是如此，你随时可以停下，通过语音写作记录下瞬间产生的灵感与想法。

不仅如此,这些每一次输入都可以转化为日后写作的素材。例如,开车途中产生的想法,就餐时遇到的引人深思的事情,逛商场时观察到的优秀营销方法,走在路上因某件事洞察到的人性特点,旅行中的所见所闻引发的思考等,这些都可以立即转化为一篇小文章,或成为日后的写作素材。

当内心有所触动时,你不用压抑、不用拖延、不用等待,直接打开手机备忘录进行语音写作,利用5到10分钟的时间,便能完成一篇三五百字的小文章。

实际上,"随时写作""随地写作""一切皆写作"这些理念,我在7年前教写作课程时就已经提出,但由于当时依赖键盘打字写作,存在诸多不便与阻力,实际执行程度可能连50%都难以达到。如今,借助语音写作,这些理念几乎可以完全实现,因为我们绝大多数时间都随身携带手机，甚至时刻将它握在手中，只需轻轻抬起手臂、动动手指，便能开启 5 到 10 分钟的写作时光。

五、产能提升原理

语音输入能够将输入效率提升 1 到 3 倍，语音写作的效率同样也会提高 1 到 3 倍，养成全新的写作习惯后，效率还会继续提高。综合这三者的优势，我们利用语音输入实现产能的 10 倍提升是完全有可能的。

第二节

工具革命：语音写作与键盘打字写作的生存战

　　语音写作是否需要以键盘打字写作为基础呢？答案是否定的。我们可以这样理解：语音写作的核心改变是将输入方式从"手"变为"嘴"，其他所谓的革命性改变皆由此引发。键盘打字写作能达到的高质量，语音写作同样可以实现。键盘打字写作是思考后再写，语音写作也可以待思考成熟后再动"嘴"。用键盘打字写作时，我们可以停下来思考，语音写作同样可以，短暂停顿不说话并无不妥。键盘打字写作无须"下笔如有神"，语音写作也不必"出口成章"。键盘打字写作可以先列框架、要点，再写初稿，最后定稿，语音写作同样可以遵循此流程；键盘打字写作可以先搜索、研究素材，语音写作也可以。

当你认为语音写作存在问题，或面对他人对语音写作的质疑时，你只需要明确：语音写作只是将输入方式从"用手打字"变为"用嘴打字"，其他方面并无本质改变。

其他方面真的完全不变吗？实际上的确存在一些变化，但采用这种简化的理解方式，可以消除很多误解。例如，有人认为语音写作思考质量低。按照上述简化方式进行理解，我们就可以知道这种说法是错误的。大脑的思考过程与写作输入方式是"手"还是"嘴"并无直接关系。又如，有人觉得语音写作不适合口头禅多的人。这其实也不对。不专门进行语音写作学习时，我们可能会用日常说话的方式进行写作，但两者其实有本质区别。我们日常说话很随意，有口头禅、随意停顿，甚至逻辑不清晰也无妨；但语音写作目的是"写作"，嘴巴是语音输入的工具，语音写作与日常说话完全不同。

我们可以尝试这样理解：键盘打字是手指按下字母键，字母组合成拼音，拼音拼写出文字。语音输入也是打字，只不过是"用嘴打字"，无须先按字母键，就能直接生成文字。我们可以闭眼想象，嘴里仿佛有键盘，语音写作是用舌头敲键盘打字，速度比手敲键盘快得多。

综上，语音写作并未改变写作和思考的本质，不存在降低质量的情况。人们所担忧的问题，多源于对语音写作的不了解。完整地学习本书内容后，你心中的误解将消除。适应语音写作后，你的写作水平还会迅速提升，因为语音写作在保留了键盘打字写作所有优势的基础上，还增加了许多新优势，这在后文会系统讲解。

第三节

破除非议：90% 的人不懂的语音写作真相

　　这本书的第一章旨在帮助大家更清晰地认识和了解语音写作。这一节，我们从"语音写作不是什么"的角度来进一步理解它。

一、语音写作并非写作技巧和方法论

有些人询问，语音写作如何提高文采？如何保证文章质量？如何提高阅读量？如何写得引人入胜？需要明确的是，这些方面与语音写作本身并无直接关联，更准确地说，你在键盘打字写作中如何实现上述目标，语音写作便可按图索骥。因为语音写作只是一种不同的输入方法、写作形式及写作习惯。

语音写作能带来巨大优势，并非因为它是一种比键盘打字更优越的写作技巧，而是因为生产工具发生的变革带来了效率提升。这就好比我们过去用纸笔写字，后来转变为键盘打字；我们曾经阅读纸质书，后来变为阅读电子书；我们以前站在路边拦出租车，后来变成在家里用手机预约，车快到了再出门。语音写作就如同这些例子一样，是技术发展带来的生产工具迭代。

二、语音写作并非门槛更低的写作

有些人想学习语音写作，认为键盘打字写作更难、更复杂、对质量要求更高，而语音写作似乎更简单、更容易、对质量要求没那么高。这绝对是一种误解。

我们可以做个类比，现在很多人喜欢读电子书，原因是电子书存储在手机里，更加方便，能够充分利用碎片时间进行阅读。然而，难理解的书在手机上阅读依然有难度，容易读的书在手机上也不会变得难理解，形式的改变并不会改变书中的知识与思想。

语音写作也是如此，它并没有改变写作的本质。你对待键盘打字写作的态度、质量要求、写作流程等，都适用于语音写作。

三、语音写作并非日常说话

有人指出语音写作存在诸多问题，例如口语化严重、口头禅多、表达错误多、用词不严谨、容易啰唆等。当听到这些反馈时，我明白，他们是将日常说话与语音写作混为一谈了。

实际上，这两者并非一回事。日常说话对表达内容的要求较低，重复啰唆、口头禅、用词不严谨等问题，在日常聊天中都无伤大雅，也不会妨碍大家愉快地交流，但写作则不同，对内容和表达方式的要求较高。

因此，尽管日常聊天和语音写作都是用嘴，但两者还是有本质区别的。当进行语音写作时，我们要始终牢记自己是在写作，只是不是用手敲键盘，而是"用嘴敲键盘"——一种"语音键盘"。

四、语音写作并非解决写作问题的捷径

还有些人一听到语音写作，就仿佛找到了写作的救命稻草，认为这可以让自己又快又好地写出文章，快速解决自己的写作问题，迅速提升写作能力。

诚然，语音写作确实具有巨大的优势，但它解决不了不会策划选题的问题，解决不了不会写标题的问题，解决不了不会写爆款文案的问题，解决不了不会搭建框架的问题，解决不了不会提炼观点的问题，解决不了不会写开头结尾的问题……

写作还涉及很多方面，比如写作题材、文体、主题、写作平台、文章结构、文字质量、写作逻辑等，但这些都与语音或键盘的输入方式无关。

所以，如果你没有学过相关的写作方法，就算用语音写作，写作水平也难以得到大幅提升。

虽然语音写作一定要学，而且要学好、不断实践，但你要明白，学习语音写作不能替代学习写作方法。如果你不会写作，在语音写作时同样会遇到很多问题。你可能会误认为这些问题是语音写作带来的，但实际上，是你本身不会写作导致的。这也是我推出"粥左罗十年沉淀写作课三合一"的原因，这三门课程各司其职，缺少哪一个都不行，最好都认真学习一遍。

第四节
能力适配：语音写作必备三阶核心素质

    每次我在直播间现场展示语音写作时，很多用户都会提问：写作新手能开始语音写作吗？表达不够流畅能学习语音写作吗？逻辑性差能进行语音写作吗？答案都是肯定的。

    这些问题依然源于对语音写作的误解。如果

将这些问题中的"语音写作"替换为"键盘打字写作",问题的本质并不会改变。就像每个人都可以开始学习键盘打字写作一样,每个人也都可以开始学习语音写作。

学习语音写作虽然对写作能力没有很高的要求,但它确实需要以下几个前提条件才能更好地进行下去。

一、相信语音写作是未来发展趋势

这本书的出版时间是 2025 年,大家是否相信,我们现在进行语音写作,至少领先其他人 5 年,甚至 10 年,这毫不夸张。我们更早地享受了技术革命带来的生产力提升。

最开始我们用纸和笔写作,现在我们用键盘打字写作,再过 5 到 10 年,会有很多人从键盘打字写作转变成语音写作。在这个过程中，很多人会转变得比较慢，原因在于习惯。

比如现在，仍有一小部分人喜欢用纸和笔记笔记，用纸和笔列文章要点、写初稿，用纸和笔进行学习等；仍有很多人只读纸质书，不喜欢电子书。但生产力革命不会因个人喜好而改变，历史的车轮只能滚滚向前。

我以前对电子书很排斥，认为读书就应该读纸质书，读电子书没感觉，这其实是我对电子书的偏见。2024 年，我做了读书会，读书会要求参与者每天都要阅读，还要打卡，慢慢地，我发现电子书要比纸质书更方便，便逼着自己尝试阅读电子书。如今快一年过去了，我已经习惯了电子书的便利，成了电子书的忠实爱好者。

技术革命带来的生产力革命，对大多数人来说都是好事。我们对不熟悉的事物常常存在抗拒和偏见，但早晚有一天会适应。一旦适应，就无法回到过去。就像我不再习惯站在路边打出租车，不再习惯用纸和笔写作，不再习惯用键盘打字，不再习惯自己去超市买一些完全可以线上下单、半小时送到家的生活用品，不再习惯坐飞机的时候取纸质登机牌而是直接用电子票，不再习惯在咖啡店面对面点单而是习惯用手机上的"到店取"功能点单，等等。

所以，我们要相信语音写作是未来，越坚信就越会想要学习它。领先其他人 5 到 10 年去使用它，我们就能获得巨大优势。

二、有尝试新事物的勇气和改变长期习惯的耐心

在这个时代，有尝试新事物的勇气，我们就能

抓住很多机会。因为各行各业的迭代太快了，新的事物总蕴含着新的机会。有的人总等着别人先做，再考虑自己是否去做，不少机会就这样错失了。

公众号爆火时，我勇敢地去做公众号；抖音爆火时，我注册账号更新视频；视频号刚出现时，我成为第一批做视频号短视频的人，尽管当时很多人不看好它；视频号直播兴起时，我成为第一批做直播的人；AI浪潮袭来时，我成为最早成功做出万人AI社群的尝鲜者之一。在整个知识付费时代的发展过程中，课程、社群、训练营等新的产品形式不断出现，每一个我都紧跟市场变化去尝试。目前市面上好用的知识付费工具，如"知识星球"App、"小鹅通"App，我都是它们最早的一批使用者和受益者。

很多人总是观望，观望着、观望着，优势就没了。我最早在2020年就开始尝试语音写作，但当时语音识别技术整体还不够成熟，所以没有大规模使用它。2023 年，我感觉语音识别技术有了很大提升，识别速度、准确性、流畅性、操作便利性等都比之前好很多，我便开始大规模进行语音写作。到现在，无论在任何场景写任何东西，我都用语音写作，键盘打字只是在个别情况下辅助使用。

所以，如果现在大家总是听别人讲语音写作，但自己还没真正开始，就要尽快开始，要有尝试新事物的勇气。同时，大家要有耐心，毕竟改变长期的习惯并非易事。

在任何需要输入文字的场景下，大家都要不断提醒自己用嘴，不要用手。我刚开始语音写作时，也经常会不自觉地用手打字，打了几句话才反应过来，然后赶紧切换成语音输入。为了养成这个习惯，我经常抽自己的手——每次习惯性用手打字时，就用右手抽一下左手，让它记住：能动嘴的时候别动手。

三、适应语音写作的重要性

如果你现在觉得语音写作效率不高、出错多、写起文章来没感觉等，很可能是因为你还没适应和习惯语音写作。一旦习惯了，你就会爱上语音写作，并再也回不到键盘打字写作的阶段，到最后，键盘就只是偶尔的辅助工具而已。

四、对语音写作问题的正确认知

语音写作可能还存在一些客观问题，但要相信技术发展是很快的，就像 AI 工具的一些问题随着时间推移，都被一一解决了，所以我们要相信技术的发展。

五、语音写作用什么软件

这个问题的答案可能因人而异，但总体上我只有一个建议：选择一个可以全场景使用的软件。如果你单独下载了一个语音写作的 App，只用它进行写作，平时不打开它时就不用语音输入，那么你的语音写作技能是无法提高的。我们要做到全场景的语音写作，而不能只是在打开某个 App 时才使用语音写作。

第五节
小心陷阱：练习语音写作最大的问题

    练习语音写作时，我们遇到的最大问题可能并非技术层面的难题，而是对内容质量的把控。

    据我观察，目前确实有一部分人在实践语音写作，但不少人陷入一个明显的误区：他们忽视内容质量，单纯追求语音写作的字数和速度。例如，网络上流传的所谓"语音写作 1000 万字训练计划""1
天语音写作 10 万字训练计划""1 小时语音写作 1
万字训练计划",以及"持续输出不间断语音写作
训练计划"等,其核心都是高效地生产内容,忽略
质量。

　　既然存在这样的"老师",就一定有相应的
"学生"。他们为这种做法找到了各种看似合理的解
释,认为这样做具有诸多价值。但是,我明确反对
这种教学和训练方式。

　　语音写作本质上仍然是写作,其核心目标与传
统写作一致。写作的所有价值,都建立在高质量内
容的基础之上,即生产优质内容。无论是写书、写
课程内容、写文章、写短视频文案,还是进行各种
分享,都需要通过高质量的内容来赢得市场和用户
的认可,从而在海量的内容中脱颖而出。

　　为了能够写出高质量的内容,我们需要不断地

阅读、听课、学习。如果不追求内容质量，只是随便一写，那就没必要再为写作而学习。

我们通过写作倒逼自己思考，深入探讨概念、观点、方法论等，也是一样的道理，因为只有高质量的写作才能促使我们进行深度思考，提升思考的质量。如果不追求写作质量，那么通过写作倒逼思考的目的也就无法实现了。

我们通过写作复盘每天的生活和工作，也需要高质量的内容，否则复盘就失去了其应有的意义；通过写作进行自我疗愈、梳理情绪，同样需要高质量的内容，否则可能会陷入越写越乱、越写越烦躁的困境；通过写作探索自我、认识自我、开发潜能、实现自我完善，更需要高质量的内容。如果写作产出的都是毫无价值的内容，那么写作将毫无意义。

我们通过写作记录自己的人生，记录值得纪念的时刻和事件，也需要高质量的内容。否则，当我们回顾过往时，会发现那些记录毫无营养、毫无美感，记录的意义也就不复存在了。想通过写作来体会创作的快乐、生产的快乐、分享的快乐，更要追求高质量的内容。因为只有创造、生产并分享美好的事物才能带来真正的快乐。

我们通过写作建立个人影响力、打造个人品牌、拓展优质人脉等，同样需要高质量的内容。借助质量很低的内容来实现这些目标，显然是行不通的。

语音写作依然只是写作的一种形式，我们应该保留写作的所有美好特质，再利用语音写作的优势去放大这些美好。同时，语音写作本身已经足够高效，我们无须再盲目追求更快的速度。语音写作带来的便捷及其他各种优势，应当成为我们追求质量的助力，而非放弃质量的理由。写作的所有价值都以高质量内容为前提，以生产优质内容为基础。

第二章

核心价值: 语音写作的不可替代性

第一节
效率革命：时间杠杆与思维加速的底层优势

    这一节，我们来探讨语音写作的目的和优势，这主要体现在解放写作生产力和解放写作创造力两个方面。

一、解放写作生产力

上高中时，写字速度是我写作文时一个很大的阻碍。800 字的作文，加上思考、构思，一共只有三四十分钟时间，实际的书写时间可能只有 20 分钟。后来，我用电脑键盘打字，三四十分钟写 800 字变得简单多了；如今，我通过语音写作，800 字只需要 20 分钟就可以完成。

语音输入对写作生产力的解放主要体现在以下几方面。

（一）输入速度的提升

快的时候，语音写作每分钟可以输出 200 到 300 字，慢一点儿也能输出 150 字左右。随着语音识别技术的不断提升，即使我们说话的语速很快，也能被系统准确识别，而且准确率还会持续提高。

（二）写作场景的增多

用键盘打字写作，尤其是用电脑时，我们的写作场景往往局限于办公室的办公桌前、家里的书桌前，或者书店和咖啡店。因此，我们很多时候会因为没有合适的写作场景而无法写作，这也是很多人无法坚持写作的原因之一。而语音写作彻底解决了这一问题，任何场景都可以成为写作场景，从早到晚随时都有写作机会，这能极大地提高写作产量。打破写作的时空限制对于解放写作生产力的重要性甚至超过输入速度的提升。

（三）降低行动门槛

一件事的仪式感越强，涉及的动作越多，看起来越正式，行动门槛就越高。写作让人产生压力，是因为需要在书桌前坐下，打开电脑，做心理建设，告诉自己要开始写作、创作一篇好文章，光是想到这些，就让人抗拒。而语音写作减少了仪式感和正式感，减少了动作和流程，任何时候有了一个想法，哪怕只是几个词、一两句话，都可以随手打开手机备忘录，点开语音输入按钮，说上几秒或几十秒就完成。写作的难点往往是缺乏开始的勇气，承受完美创作的压力，而利用语音写作，我们可以随时进行"不完美创作"，从而消除写作最大的阻碍，更容易践行"烂开始，先完成，再完美"的写作理念。

二、解放写作创造力

生产力的革命会引发创造力的革命，写作也是如此。

（一）思考时间的增加

写作分为思考和写下思考两步，写下思考所花的时间越少，用于思考的时间就越多。

（二）思考连续性的维持

用纸和笔写作时，写字速度慢，思考会不停地中断。而语音写作速度快，可以维持思考的连续性。

（三）减少思考到输出的损耗

大脑运行速度很快，所以打字速度越慢，损耗的思考成果就越多。而用语音写作，我们可以随时、快速、直接、几乎无损耗地将大脑产生的想法变成文字，最大限度地捕捉大脑的想法，这本身就是对创造力的巨大贡献。我们很多的奇思妙想会因为没能及时记录下来而流失。写作过程中，我们脑子里闪现的灵感也常因打字速度慢，无法迅速形成文字而转瞬即逝。

（四）促进创意生成

大脑的思考通常是发散的、随意流淌的。在进行键盘打字写作时，我们常常觉得需要形成有逻辑的体系才能把内容写出来。但用语音写作时，我们可以养成一个习惯，为了保留创意，不用在意逻辑、连续性、准确性和完整性，先让大脑肆意运转，一边思考，一边用语音记录下来。记录结束后，再对内容进行整理补充。在看似有些乱的文字记录里，我们会找到很多有价值的创意想法。

语音写作作为一种新兴的写作形式，其目的和优势显而易见。它不仅能够解放我们的写作生产力，让我们在更短的时间内创作出更多的内容，还能解放我们的写作创造力，让思维更加活跃，让创意不断涌现。在当今这个信息爆炸的时代，语音写作无疑是一种更高效、更便捷、更富有创造力的写作形式。

第二节

认知跃迁：语音写作如何重塑你的大脑

本节我们讲讲语音写作的非写作价值。语音写作不仅极大地为写作赋能，还在其他方面产生了诸多重大价值。

一、锻炼思考的速度

思考的过程就像成语接龙，前后的所思所想总是串联着的。语音写作由于输出速度快，会本能地给予我们压力，让我们思考得更快。而用纸笔写作或键盘打字写作，由于输出速度慢，大脑常常需要等待打字完成后再继续思考，压力较小，因此不会提速。

二、锻炼组织语言的速度

大脑形成思考后，看似可以直接输出，实则中间还有组织语言的环节。因为大脑形成的思考往往是不够清晰准确的，它需要快速搜寻不同的字组成词，不同的词组成句，不同的句组成段落，才能将思考的内容表达出来。语音写作速度越快，就越要求我们提升组织语言的速度，而这是一场持续的刻意练习。有些人说话慢，开口前需要想半天，开口后也不连贯，几个词几个词地往外蹦，说一两句就要停一下；而有的人说话快，且出口成章，流畅连贯。这不仅是思考速度的差距，更是语言组织能力的差距。辩论赛中选手们快准狠的攻防，主持人的临场反应，商业精英面对提问时妙语连珠的回答，都是他们快速思考和超强语言组织能力的具体体现。

三、锻炼专注

如果阅读时容易走神，你就可以用指读法和朗读法集中注意力。这是因为无法很好地集中注意力时，调动身体，产生真实动作，就更容易专注。同样，思考是精神活动，难以做到持续专注，而持续用嘴巴说话进行语音写作输出，就有了真实动作，能帮助我们对一个问题进行思考时，保持相对更长时间的专注。

四、锻炼沟通表达能力

写作和说话、沟通、表达相比，后者在生活和工作中占更大比例。我们常说写作可以提升沟通表达能力，这种提升是相对间接的，但语音写作则是对表达能力绝对直接的锻炼。我们平时说话用嘴，语音写作也用嘴，所以语音写作越多，我们的表达能力就越强。坚持语音写作一年，你的"嘴上功夫"必然碾压众人。如果我们能够具备超强的表达能力，一定会受益终生。

五、提升气场，更加自信

人的自信来自几个方面。

（一）声音自信

很多人不喜欢自己的声音，而语音写作每天都需要用自己的声音，时间久了就可以接纳自己的声音了。我最初在微信上都不好意思给别人发语音，觉得自己的声音难听、不自然，后来录音频课时也不好意思听自己的声音。但在习惯了语音写作后，我听自己的声音也习惯了，甚至觉得它还有些魅力。

（二）表达自信

发出自己的声音，敢于让别人听到，这本身就是自信。语音写作锻炼得越多，水平就越高，人就越爱开口，越开口就越自信。所有的不自信、自卑，最终都会具体表现为在公共场合、在众人面前不敢开口。所以，语音写作是对自信的反向塑造，我们因语音写作而强大，变得越来越爱开口，而行为可以塑造意识，我们也就越来越自信、越来越爱自己。

（三）大脑自信

我现在的自信大部分源于我认为自己有一个充满魅力的大脑，"臭皮囊"已不重要，因为大脑的魅力才是终极魅力。如何体现大脑的魅力呢？就是能够随时开口，清晰、准确、有逻辑地表达自己独有且正确的思考。键盘打字写作写得好，你不一定语言表达能力强，但语音写作写得好，你的语言表达能力一定强。

语音写作不仅是输入形式的改变，更是 10 倍开发自己的潜能，让自己更强大、更自信、更了解自己、更欣赏自己、更爱自己的方法。

第三节

终极目标：从文字输出到认知复利

很多人看到这里已经开始尝试语音写作，有的人还在慢慢适应和习惯。虽然很难判断自己是否真的掌握了语音写作，但我们可以设定一些最终想要通过语音写作达成的目标。

一、目标一：语音输入变成第一反应

在生活和工作中，大部分人的习惯和第一反应还是用键盘打字。很多人即便已经学习了语音写作，暂时也改不过来。所以，我们学会语音写作的第一个目标就是花几个月甚至更长的时间，把用语音输入变成一种自然而然的行为，一种条件反射，潜意识的第一选择。

二、目标二：变成"嘴上功夫"厉害的人

在生活和工作中，经过长期的语音写作训练，我们可以更快地反应，更准确、更有逻辑、更条理清晰地组织语言，从而高质量输出内容。

我们常说，没有数量就谈不上质量，但有了数量还要有刻意练习，才能谈得上质量。在生活和工

作中，大家常常缺少机会自己动嘴皮子的机会，这导致大多数人活了几十年，嘴也用了几十年，但依然很"笨"。

开始语音写作后，我们每天可以拿出 20 分钟到 1 小时，甚至更长的时间去练习语音写作。每天练习，不仅会大幅提升我们的写作能力，我们的"嘴上功夫"也会越来越强。持续练习一两年，我们就可以达到某种程度上的出口成章：不用事先认真准备，只要开口讲话，所讲的就是有主题、有结构、有逻辑、有观点和案例，且有一定篇幅的内容。

三、成为一个把写作和思考当成生活方式的人

这就是我现在所处的状态。很多人说我很

"卷"，每年要写书、写文章、写课程内容、写很多社群内的分享内容，问我如何坚持。其实我不需要坚持，因为思考和写作就是我的生活方式。

为什么说让思考和写作成为生活方式，必须进行语音写作训练？因为如果习惯于用电脑写作，习惯于在特定的场景中写作，如办公室、家、图书馆等，就很难把写作变成生活方式——它太挑时间和场景了。而当语音写作成为习惯后，我们在任何时间、任何场景都可以写作。因为我们时刻都在思考，一想到好的观点，就会忍不住想要记录下来，于是掏出手机打开语音输入，花5到10分钟把此时此刻的想法写下来。

我现在就是这种状态，看书、看文章、看直播、看短视频、听课、逛街看到各种人和事、做事时经历的种种，都会习惯性地感受、洞察、提炼、总结。这个过程会诞生很多想法，我会通过语音写作将它们记录下来。就算暂时没时间完整地写出来，我也会把选题记录下来，再写几个关键词，等有时间再将其补充完整。这些内容都会变成将来我写文章、写分享、写书的观点和素材。

写作成为生活方式，必将倒逼思考成为生活方式，这是语音写作最大的价值。每个人对自己大脑的开发程度差距巨大，因为有些人的大脑一天到晚都不怎么使用，时间长了就"生锈"，像一辆很多年不开的旧车，而有些人的大脑一天到晚都在高速运转。世界上的大多数东西都是越用越老化，车子、冰箱、洗衣机、空调等都是如此，但大脑是个另类——越用越灵活。然而，人的本能是逃避用脑、逃避思考，因此我们需要借助一些方式倒逼自己思考，写作就是很好的方式之一。但键盘打字写作常把对大脑的训练局限于某一时间段，而掌握语音写作后，把写作当成生活方式，用写作倒逼思考，我们的大脑就会越来越强大，因为它每天都在被高效使用，久而久之，我们就会拥有"最强大脑"。

我希望能把语音写作推广到每个人，而不仅仅是那些想靠写作变现、从事写作相关工作的人。因为语音写作可以让更多人养成写作习惯，进而让更多人养成每日思考的习惯。

第四节

学习悖论：自学陷阱与专业训练的价值

虽然前面已经讲了很多内容，但这一节还是有必要谈谈语音写作的学习。很多人认为，语音写作只是把输入形式从手换成了嘴，所以不需要学习。但等你亲身实践时，就会发现并非如此简单。

一、学认知，重新认识语音写作

这本书有一半的内容是关于认知的。大家不要觉得认识语音写作不重要，很多人没有开始语音写作，或者开始了又放弃，都是因为没有真正认识语音写作。我在写作学员里进行了调研，发现绝大多数人对语音写作存在很多误解和疑问。比如：

- 语音写作的前提是键盘打字写作写得好吗？语音写作是锦上添花，还是可以同步训练？

- 尝试过语音写作，写作速度很快，但需要修改的地方太多，如何解决呢？

- 还没正式进行语音写作，试了一小段语音输入，感觉不太流畅，说完一句话之后就不知道下面该说什么了。那语音写作是不是也要先列好内容提纲呢?

- 尝试使用语音输入,感觉没有思考时间,写出来的内容也不连贯。

- 试过语音输入,但脑子跟不上嘴,怎么办?

- 长期进行语音写作可能意味着长期依赖灵感,会不会影响键盘打字写作的能力,比如构建框架的能力?

- 觉得语音写作是纯头脑层面的逻辑输出,过于"走脑",难以表达更重要的、从内心流淌出来的想法,不利于"走心"。

- 尝试语音写作后感觉思路打不开,不知道该说什么内容,有时甚至废话连篇。

- 尝试过语音写作,整理内容时发现前后完全不连贯,需要花大量时间整合。语音写作真的比键盘打字效率高吗?

- 尝试过语音写作,发现自己的思维很容易卡顿，上一句话说完，无法快速、流畅地表达下一句，或者对已表达的内容感到不满意，需要二次修改。感觉键盘打字写作时大脑有思考和筛选过程，表达也比较流畅。这种情况是不是不适合语音写作？想开启语音写作，要怎么打破这种思维习惯？

- 已经语音写作一年半的时间了，感觉很方便，但最近遇到了一个问题。我平时讲话偏理性，但创作爆款需要使用更多情绪性表达，需要深思熟虑，减慢速度。我该怎么解决这个问题？

- 感觉语音写作对逻辑与表达能力的要求更高，对于初学写作者来说是不是门槛太高了？

- 尝试过几次语音写作，在语音输入的过程中，感觉自己总是天马行空，如何才能让自己在语音输入时有思路？

再次面对这些问题，不知道大家是否有答案了。大众对语音写作存在较大的误解，也存在很多疑问，这是很多人抗拒、漠视、放弃语音写作的核心原因。让更多人阅读这本书，让大家重新认识语音写作，是让更多人享受语音写作价值的第一步。

二、学方法，专属于语音写作的方法

本书不专门讲写作方法，如定主题、写标题、搭建结构、写观点、写开头结尾、论证、举例子等，因为这些方法无论是语音写作还是键盘打字写作，我们都要掌握。除此之外，语音写作因形式不同，还需要专门学习一些方法。比如：

- 如何提高表达的准确性？

- 如何保证写作质量？

- 如何减少口语化？

- 如何提高表达速度？

- 如何养成语音写作的习惯？

- 语音写作如何一步一步进阶？

只有解决这些问题，才能更快地掌握语音写作这项技能，而这正是我们接下来要详细探讨的内容。

我始终相信，任何事情都是一门学问，不专门学习，进步就会很慢。如果专门学习、研究、练习，就可以进步得更快，获得更好的结果。

第三章

能力基建：从零到精通的四维训练法

第一节
心理突破：大脑为何抵触语音写作

　　这一章节实操性比较强，我们来系统性地讲解如何从语音写作新手到高手，再到顶尖高手。我们先来讲讲为什么人们会对语音写作有抵触情绪。当然，很多人学习了前边的内容后可能已经发生了转变，但也有一部分人仍然还有抵触情绪，而充分理解"为什么"是化解抵触情绪的关键。

一、对语音写作不了解、不熟悉

面对不了解、不熟悉且其价值未知的事物时，我们都会有抵触情绪。比如：

- 习惯了读纸质书的人，对读电子书有抵触情绪。
- 对知识付费不了解的人，总是认为知识付费是欺骗行为，应该坚决抵制。
- 对不了解、不熟悉的名人，很难理解他们的狂热粉丝。
- 对不了解、不熟悉的同行精英，可能无法认可，哪怕对方很好。

大家其实也都会有相似的经历，因为对某些事物、某些人不了解、不熟悉，所以有抵触情绪，后来了解、熟悉之后，才发现他们或它们的好。很多人真正了解、熟悉，并开始坚持语音写作之后，也会感慨"相见恨晚"。

二、改变旧习惯

有些人已经认识到语音写作的巨大价值，但因为用语音写作需要完全改变输入习惯，所以也会有些抗拒。这个问题怎么解决？办法就是告诉自己，未来还要写作几十年，如果早晚要改变这个习惯，那还不如尽早改变。

三、不习惯严肃认真地说话

有一种心理叫"努力羞耻症"。比如，在上学时，有的人觉得自己太认真、太努力学习是丢人的，好像不够潇洒、不够淡然，好像自己太想赢了。认真说话其实也让人有这种感觉，毕竟我们习惯了轻松地说话。语音写作时，虽然还是用嘴，可它不是日常说话，需要严肃认真对待。一段书面文字用键盘打出来是很自然的行为，但用嘴说出来大家就会感觉很不自然，尤其是有人在听着、看着时。

这个问题没有更好的解决办法，只能一方面让自己多认真表达，去习惯这种感觉；另一方面，加强"表达自信"，告诉自己："我说的每一句话都是自己相信的，值得分享给别人的。"

四、不擅长清晰、有节奏地表达

对于语音写作来说，吐字不清晰、表达无节奏确实是个硬伤，而且这个硬伤会导致生成的文章质量不高，需要修改的地方很多，写作过程也不流畅，经常卡住，体验很不好。这个硬伤源于已经形成的表达习惯，毕竟我们日常说话没有太多要求和束缚，大家能听懂就行。对此，我们恰恰应该反向思考：难道自己不想变成一个吐字清晰、表达很有节奏的人吗？如果你想，怎么才能做到呢？当然就是靠语音写作倒逼自己做到了。

五、感觉语音写作的效率并不高

有这个想法这个是正常的。一开始，因为不习惯，很多方法技巧还不会，使用者会觉得所谓"写作生产力革命、创造力革命"并不像想象的那么神奇。语音写作的效率提高发生在真正掌握语音写作的方法之后。所以我们要给自己时间，让语音写作的效率越来越高，效果越来越好。

六、没有发挥语音写作的价值

因为还没有真正掌握语音写作，所以在尝试时可能出现以下问题：

- 没有实现随时写作、随地写作、任何场景都能写作的目标。
- 用语音写作时没有流畅地写出一篇有主题、有逻辑、条理清晰的高质量文章。
- 语音写作时不自然，甚至比较紧张，无法进行创造性思考。

- 不仅没降低写作门槛，甚至还提高了门槛，因为进行语音写作时经常感到无从下手。

　　这也是很多人尝试过一段时间后就放弃语音写作的原因。但是，这并不能说明语音写作没有价值，而是说明没有真正掌握语音写作的方法时，其价值发挥不出来。解决办法是先从逻辑上认可语音写作的价值，然后再日复一日地学习和练习，实现它的价值。

第二节
朗读训练：从碎片表达到逻辑流输出

　　本节的内容聚焦朗读训练，目的在于助力大家提升语音写作能力。需要注意的是，朗读并非简单地将文字读出声，其中蕴含诸多技巧与要点。

一、我的朗读训练历程

（一）2016 年开启音频课程录制

2015 年，我投身新媒体领域，次年便着手制作新媒体的相关课程。彼时，音频课盛行。录制音频课，需要我先撰写课程文稿，再进行录音。课程机构的对接同事提出，希望我通过微信语音发送几段音频以评估效果。此前，我鲜少使用微信语音功能，因为我对自己的声音不自信。但为了达成目标，我硬着头皮尝试，几条不足 1 分钟的语音，竟反复录制了十几遍才发送。正式录制音频课时更是困难重重，每节课都需要多次录制：频繁读错内容，声音忽大忽小，节奏感欠佳，紧张感明显，停顿不当，断句不合理……录制完成后回听，我觉得声音缺乏力量与自信。自那以后，每年我都坚持录制课程。随着时间推移，我音频课的质量逐渐提升。

（二）2017 年为刘可乐读文章

刘可乐是我的妻子。我热衷于学习与阅读，而她起初对此并不感兴趣。但我们都认为，若想携手共度漫漫人生，双方都需要不断学习成长，保持共同进步。鉴于她当时难以静下心来读书和看文章，我便提出"我读给你听"的建议。那段时间，我正致力于精进写作，每天都会阅读大量文章，便从中挑选一两篇佳作读给她听。这不仅是为了帮助她学习，也是在锻炼自己：在朗读的准确性方面，我力求减少错误；在流畅性方面，我尽量避免重复、卡顿；在节奏感方面，我尽力断句停顿舒适；在力量感方面，我努力吐字清晰，发音铿锵有力；同时，我还要求自己在自然放松的状态下朗读，兼顾对内容的理解。这一过程持续了约半年之久，我的朗读能力得到了显著提升，刘可乐也逐渐培养起阅读的兴趣。

（三）2024年直播录课

2024年，我每天坚持直播，直播占据了我日常生活的大量时间。为了最大化利用这段时间，每当需要重新录制写作课时，我就在直播间完成录制。这样一方面能高效完成课程录制，另一方面便于直播间的用户同步学习。我定下的目标是：每次录制尽量不出错，自然轻松且有节奏地完成。起初，我略感紧张，讲课不自然，节奏把握不佳，也易出错，但经过五六节课的磨合，我逐渐适应，也能基本达成目标。连续62天，我在直播间完成了"实战写作方法大全"的62节课的录制工作。

二、朗读训练对语音写作的助力

（一）提高发音清晰度

日常交流、会议发言或公开演讲时，有的人无法清晰有力地发音，因为清晰发音需要更强的嘴部控制，动作更复杂、幅度更大，较为费力。通过朗读训练，我们可以锻炼清晰准确地发音，进而提高语音转文字的准确率，减少错误与修改。

（二）增强表达的流畅性

日常生活中，我们的表达自由随意，不用保持节奏，也无须刻意停顿。而朗读训练能让我们养成有节奏、不卡壳、断句正确的表达习惯，更加契合语音写作的要求。

（三）提高语言感知能力

朗读时，大脑需要同时处理文字的视觉输入与语音的听觉输入，这有助于我们深入理解语言的结构与意义，提升语音写作的语言组织与表达能力。频繁朗读能够提高我们的语调、节奏、语气、韵律等语言感知能力。

（四）扩充词汇量与语法能力

我们的日常表达使用更多的是简单的词汇与句式结构。朗读训练使我们能接触到大量词汇与丰富的句式结构，方便我们在语音写作中运用。

（五）提升书面语表达能力

我们都更习惯阅读书面语，可嘴巴习惯说口语。朗读促使嘴巴适应书面语表达，避免语音写作时的表达过于口语化。

（六）增强专注度

语音写作跟键盘打字写作比起来需要更专注，否则就容易卡壳。朗读训练要求我们全身心投入，眼睛、大脑、嘴巴协同配合，稍不专注就会出错或失去节奏。

三、朗读训练的实施方法

（一）选择朗读材料

朗读时选择你喜欢的图书、文章或课程内容。我更倾向选择文章或课程内容，因为其与写作内容相似，且每次可以单独完成一篇或一节，既有成就感，又能学习吸收内容，一举两得。

（二）朗读操作方式

我们需要准备两台设备，一台显示内容并录音，另一台用于朗读时的语音输入。它们可以是两部手机，或者一台电脑、一部手机。朗读前，我们先整体浏览材料，做好心态准备，明确朗读要求：尽量少出错、不卡壳、吐字清晰、有节奏、一次性完成，身体放松自然，声音自信。接着，我们点击录音与语音输入，尽力做到最好，同时兼顾查看朗读内容与语音转文字效果。朗读的理想状态是准确朗读所有内容，如果初期难以一次性完成，可以分段练习，逐步过渡到完整朗读。

（三）朗读后的复盘

进行复盘时，一是综合评估自己，统计读错的地方和卡顿次数，评价整体的流畅度与节奏感等；二是听录音，听一两分钟即可，感受自己的发音、语气、语调、节奏、自信度与自然度等。

（四）模仿练习

在刷短视频、听演讲或听课时，我们可以留意喜欢的声音表达风格，模仿其发音风格、语调、语速、节奏、停顿、表情、肢体语言及情感表达等。每次模仿后回听录音，找出自己需要改进的地方，反复练习。

（五）持续反复练习

针对同一内容进行多次练习，有助于获得成就感，还可以熟悉语音输入方式。在未熟练掌握语音写作技巧前，我们可以每天朗读一篇文章或一节课程内容，至少坚持一个月，既提升了能力，又高效利用了时间。

朗读训练对于提升语音写作能力有着不可忽视的作用。它不仅能帮助我们提高发音的清晰度、增强表达的流畅性，还能提升语言的感知能力、扩充词汇量、提升语言表达能力，以及增强专注度。通过选择合适的朗读材料，采用正确的朗读方法，并在朗读后进行认真复盘，结合模仿练习，大家定能在语音写作的道路上更进一步。

希望大家都能重视朗读训练，形成习惯，为自己的语音写作打下坚实的基础，早日实现从新手到高手再到顶尖高手的跨越。

第三节
准确性训练：99% 识别准确率的秘密工程

我想强调：有问题，就解决它。为什么这么说呢？因为在倡导语音写作的过程中，我经常听到这样的说法：语音写作经常有错别字，最后加上修改的时间，还不如键盘打字写作快，那为什么还用语音写作？

我想说的是，当你的准确率不高时，语音写作综合来看确实可能不如键盘打字快。但准确率不高，以及口齿不清晰、普通话不标准等问题，都是可以解决的。除非先天身体条件限制，否则即使多花些时间来解决问题，也是值得的。

大家一定要有一个认知：如果一件事要做一辈子，那么无论你花多少时间去将它做好，从长远来看都是划算的。比如你的走路姿势有问题，虽然矫正很难，但要走一辈子路，因此即使花一两年矫正走姿，也是值得的。再比如你的表达能力有问题，说话不清晰、没节奏、不流畅、容易卡顿、容易着急，那要不要解决呢？当然要解决，因为说话要说一辈子，你花时间解决这些问题，就能受益终生。

再说回写作本身，我觉得没有人真的可以完全脱离写作。无论是在职场还是在生活中，我们都有太多需要写作的地方。只要你比其他人更会写，就占据更大的优势，所以花一两年学会写作，难道不值得吗？

说回语音写作，准确率是大部分人面临的一个大问题，那我们就直面它、解决它。影响准确率的因素有很多，如设备因素、软件因素等。但是，这些都不是我们自身层面的问题，我们更多地来讲讲，发音方式导致的错误应该如何避免。

一、提高发音准确性

在朗读时，我们要努力做到音素正确和音节完整。简单来说，就是发音的时候别偷偷省略。我们在日常表达时经常偷懒，发音时常含糊不清或缺失某些音素，而且不同的字词之间还可能会发连读，这些都是语音写作的大忌。我们想要提高语音输入的准确率，一定要避免这些。简单来说，就是保证一句话中的每一个咬字都清楚。即使将来提升了说话速度，你也要保证每个字的发音是清晰的。

除了咬字清楚，还要音调准确。中文发音有一声、二声、三声、四声，音调不同，识别出来的字词就不同，比如"即使"和"即时"，"买"和"卖"。如果你口音重、普通话不标准，就可以上网搜索发音教学，进行专项练习。就像我们之前说的，话要说一辈子，别怕麻烦，真的有问题就去解决它。无论在什么场合，出色的表达都是你显著的优势。

二、练习合理停顿

语音识别的准确率与语音识别软件对表达内容的判断高度相关。它判断对了，语音识别的准确率就高；它判断不对，语音识别就很可能出错。这是什么意思呢？一句话或一个短语是由很多字词构成的，比如"练习合理停顿"，实际上是由"练习""合理""停顿"组成的，我们发音时微妙的停顿构成了节奏，让语音识别软件可以正确识别句子或短语的内容。

当然，这一点不用太担心，一般来说，我们都能掌握合理停顿。之所以专门提出来，是因为在语音写作的时候，我们往往由于紧张或需要时间思考而无法自然说话，导致停顿的节奏混乱。大家知道了这一点之后，在语音写作时，就要刻意提醒自己有节奏地合理停顿。

三、语速逐步提升

不正确的发音习惯，必然导致语音识别准确率低。为了提高识别的准确率，最开始练习的时候，我们可以刻意降低语速，几个字几个字地说，几个词几个词地说，一句话说完停顿一下再继续说下一句话，等等。一开始不追求快速和连贯，先追求准确率，当你的准确率提高之后，再逐步加速，直到速度又快，准确率又高。

关于语速，我们可以在语音输入时练习，也可以在朗读训练时练习。比如，在做朗读针对性训练时，我们可以做好计时，读 1000 个字用时多久，准确率是多少，然后在保证准确率的前提下，不断努力减少用时。

四、关于准确率的补充说明

（一）背景环境不太重要

很多人认为语音写作需要非常安静的环境，这大错特错。在大街上、在商场里，甚至在背景声音很大的咖啡店里，都可以进行语音写作，因为设备会专注于识别距离它最近的声音。这再一次验证了我之前说过的，语音写作可以在各种场景进行。我现在就是走到哪里都用语音写作，如今的语音识别技术已经不在乎你的背景环境是否有噪声了。

（二）相信语音识别技术的持续发展

现在各种语音识别软件的准确率其实已经比过去几年高很多了，而且将来的准确率还会越来越高。将来的语音识别软件也会更好地学习人类的行为，比如人类的发音习惯、人类的偏好、人类的语音使用领域等。

（三）综合速度终将完胜键盘打字

只要保证基本的准确率，即使有个别错别字需要修改，语音写作的整体速度也一定会比键盘打字更快。当然，确实有打字速度非常快的人，但我想说的是，即便你打字速度很快，也会感觉到很累，但语音输入动动嘴就可以，比打字轻松很多。

语音写作的准确率训练是提升写作质量的关键环节。通过提高发音准确性、练习合理停顿及逐步提升语速，大家能够显著提高语音写作的准确率。希望大家都能重视准确率训练，将其融入日常的语音输入，不断提升自己的语音写作能力，实现高效写作的目标。

第四节
极速训练：让语速追上思维闪电

极速语音写作，指的是写作速度与说话速度相匹配，并且保持不间断写作，达到"一边构思一边说，一口气写完"的状态。

我其实是被迫达到这种水平的。2022 年，我需要同时准备 3 门课程，而且是先销售、再制作。

这意味着课程已经卖出去了，但具体内容尚未完成，我需要按照承诺的更新时间每天更新。之所以这么做，是因为我有较为严重的拖延症，只好采用这种方式倒逼自己更快地产出课程内容。

在这种情况下，如果用键盘打字一节一节地来写课程稿，难度较大，而且使用电脑写作本身也容易引发拖延症，包括开始写作前的拖延，以及写作过程中的拖延。那么该如何解决呢？我选择了直播写课。每次直播前，我会花半小时到 1 小时列出这节课的要点；直播时，我都会准备一张白纸写好标题以及各个要点，有时还会写几个关键词或一两句话来提示自己要讲什么案例。

开始直播后，我会根据关键词将整个主题讲完，再结合即兴发挥，每次大概花费 30 分钟到 60分钟。随后，我的编辑会将录音转成文字并进行优化处理，最终形成一节课的课程文字稿，字数在

4000 到 8000 字。

当时，在我的"新媒体变现圈"社群里，我一年要分享至少 50 节课程，这些课程也都是通过这种方式完成的。而且社群里的分享内容更丰富，基本在 8000 到 15000 字之间，每次至少要进行 1 小时的直播来完成课程内容。这种做法的本质其实就是极速语音写作。

经过一年，我发现这样的锻炼让我的思考和表达能力越来越强，主要体现在以下两个方面。

第一，有时候我特别忙，甚至来不及为社群的直播分享做准备。即便如此，我也可以快速地在脑子里构思几个关键词和几句话，然后根据这几个关键词和几句话流畅地讲完 1 小时。最终音频转换成文字内容，依然可以保持高质量。

第二，我在 2023 年接受了几次专访，每次专访的时长大概是两小时。每次专访我都不提前看问题清单，全都是即兴发挥。采访的音频转成文字后，我发现都是很好的对谈内容，基本上不用修改，就可以直接发布在公众号上。

2024 年，我经常在直播间里演示现场写作，针对某一个观点，通过语音写作的方式一气呵成地写出一篇 500 到 1000 字的小短文。每次我都会打开手机备忘录，点开语音写作的按钮，把手机对着屏幕，现场即兴创作给大家看。我的嘴一直说，我的手机就在不断地生成文字，几分钟后，一篇小短文就完成了。大家都觉得很神奇，有很多人问用的什么软件。我开玩笑说："软件不重要，就是语音输入法而已，核心是要有高速运转的大脑和流畅表达的输出能力。"本质上就是我掌握了极速语音写作。

那么如何进行极速语音写作的训练呢？

一、先列大纲要点

为了在最初阶段获得正反馈，我们可以将大纲要点列得详细一些，这样我们在语音写作时就会更有把握。如果大纲列得过于简单，可能会经常需要停下来思考，导致表达不流畅。当我们语言组织能力越来越强之后，就可以尝试列大纲时只列几个要点了。

二、进行"不中断"语音写作

不中断是极速语音写作的核心，如果中断了，就变成了写几句就思考一下再继续写的模式，而非极速语音写作了。极速语音写作有以下几个要点。

（一）做好准备工作

我们要根据大纲的要点，对接下来要写的内容形成一个大致的思路。

（二）调整心态

我们在开始极速语音写作前要平复心情，保持自然放松的状态。人的大脑在紧张时会相对比较迟钝，只有在平静放松时才是最有灵感的。

（三）刻意练习

在语音写作过程中，我们要刻意感受"一边思考，一边输出"，即输出的同时还在思考后面的内容，并加强刻意练习。我们习惯的输出方式是：打好腹稿，然后用嘴巴说出来；说完了，再继续思考，然后再说出来。用这种模式无法锻炼极速语音写作的能力。极速写作的本质是"内容接龙"，即根据已经产出的内容迅速写出后面的内容。只有达到这种程度，我们才能一气呵成地输出。

三、树立"完成比完美更重要"的观念

你如果想真正练成极速语音写作，就必须养成再差都要说完的习惯。即使不知道说什么，也要硬说，不能停。你可以加一些过渡语，讲一些相关的内容，一边讲着，一边脑子快速思考接下来说什么。总之，不能中断，一旦中断，就是一次失败的练习；只要不中断，就是成功的练习，无论质量如何。极速语音写作的核心是思考不中断，我们就是要练习连贯思考的能力。最开始由于思考速度跟不上，我们输出的内容质量可能较差，但经过长期刻意练习后，大脑就能不停地快速思考，内容质量必然会越来越高。

四、刻意做一些"不能中断"的表达训练

如果平时练习不够严格，我们就可能放过自己，养成经常中断思考的习惯。那么该如何迫使自己连续思考呢？我们可以设定一些场景或任务，让自己根据任务不中断地输出，从而逼着自己练成极速语音写作，但核心是要有观众。

- 可以在朋友家人面前尝试即兴演讲。
- 可以找一些写作伙伴，建一个微信群，约时间进行即兴表达训练。
- 可以通过直播的方式进行练习，提前准备好要写的一些主题和观点，开直播后在直播间现场语音写作。
- 直播回答问题也是一种很好的练习方式，因为直播间的提问是随机的，无法提前准

备，只能在看到问题的一瞬间马上思考，快速组织语言，一气呵成地回答。

- 可以找一些一起学习成长的伙伴，互相约对谈，互相提问。

这些都是训练连贯表达的好方法，多次练习后，我们就能逐渐适应极速语音写作。另外，平时进行大量朗读训练，对极速语音写作也非常有帮助。一旦具备了极速语音写作的能力，在所有需要开口说话的场景，我们都能自信控场，表现出色。

第五节

自信训练：从自我怀疑到创作心流

    回想起自己刚刚开始进行语音写作时的情景，那时的我非常不自然、不自信，甚至感到紧张。每次点击语音写作按钮之前，我就会心跳加速，需要用深呼吸来调整状态。刚刚开始时，我的声音还会有些颤抖；写作完成后，我感觉如释重负。

尽管后面这种情况慢慢有所改善，但在最初的阶段，每次或多或少都会出现这样的情况。那么，我是如何改善的呢？接下来，我将从"可能有哪些不自信"及"如何进行对应的训练"这两方面来展开讲述。

一、对自己的声音不自信，如何训练

张嘴说话是大部分成年人都能做到的事情。日常交流当然没有压力，但正式的表达却会让人立刻失去自信，甚至有些紧张。这其实是一种不配得感在作祟。我们认为只有很厉害的人才能这样做，而自己不够厉害，似乎不够格开口进行正式的、言之有物的表达。

我最初讲课时，就有这样的感觉。那么，我是如何突破的呢？

首先，我经常对着镜子，看着自己去表达。在这个过程中，加强自我认同，提升配得感，学会欣赏镜子里的自己。

自信是可以假装的，别人不一定能看出来。我们可以像演员演戏一样，假装自己很行，不能自我矮化，直到自己真正变得很行。我们平时可以经常做这种强化自信的练习。

我们要经常把自己的表达记录下来，多听自己的声音，多看自己的状态，然后在心里不断思考接下来如何改进。

二、对流畅表达不自信，如何训练

如果语音写作时总是停顿，我们就会产生挫败感。这也是很多人抗拒语音写作的原因——担心自己不能流畅地表达。

其实，这可以通过刻意练习来改善。我们可以经常进行"3分钟连续表达"的训练，给自己列一些题目，每次针对一个题目连续表达3分钟。练习时无须过多思考，只要不断进行表达即可。不断地挑战自己，表达效果一定会越来越好。这么做的目的是通过这种挑战去感受"根据已经产出的内容继续思考且同时输出"。其实，大脑本身具备这种能力，只是平时我们不习惯这么做，因此需要通过大量练习来适应这种思考和输出方式。

训练时长为何选择3分钟呢？因为1分钟太短，5分钟太长。长篇文章并不需要从头到尾一气呵成，它是由段落构成的，段落是由一个个更小的内容单元构成的。每次连续输出两三分钟，停下来综合看一看，再继续输出，是比较好的语音写作节奏。

三、对语音写作的质量不自信，如何训练

大部分人对语音写作的质量存在怀疑，认为键盘打字写作是慢慢思考再写下来，这样的内容会更有质量保证。然而，我的想法恰恰相反。我们可以降低预期，甚至以质量不用太高的心态去开始语音写作。

为何这样呢？我们不要忘记语音写作有一个巨大优势：在写作这件事上更容易做到"先完成，再完美"。

我在直播间里经常给大家演示语音写作，尤其是一气呵成的语音写作。有时会发现，我写作的内容质量并不是很高。但质量不高没有关系，因为语音写作能够让你快速地完成一篇文章，即使有错别字和病句，罗列的要点不全也没关系，这些都不是完成写作的核心。

完成写作的核心是：想到了一个好主题，迅速地把基本的要点写出来，把初稿写完。

我们进行键盘打字写作时，常常会出现拖延。一是开始的拖延，很难快速进入写作，总觉得准备得还不够好；二是推进的拖延，即已经开始写了，标题都写下来了，但第一段怎么写、第一句怎么写，总会纠结半天；写完开头，中间怎么写，再纠结半天。

开始的拖延和推进的拖延导致我们完成一份初稿非常困难，而语音写作往往促使我们不过多纠结，不过多打磨细节，不过于深思熟虑。我们可以通过语音写作快速开始写作和快速推进写作，完成初稿。虽然它不完美，但已经完成了，这很重要。

把一篇已经完成的文章改得更好一些，和直接写出一篇更好的文章相比，显然前者更容易做到。就像我现在正在写的这些内容，我先通过语音写作迅速完成，再花时间把它修改一遍，很快就完成了终稿，很有成就感。这就是语音写作最大的好处之一。

四、在公开场合进行语音写作不自信，如何训练

这种不自信源于我们对别人的看法和评判的过度关注。其实大部分都是我们的假想，打破这些假想，这方面的不自信就完全消失了。

怎么打破这个假想呢？其实就是专门去公共场合进行语音写作。尝试了几次之后，你就会发现，原来别人不会关注你，更不会审视你、评判你。最终明白，自己不是世界的中心，任何一个群体中，自己可能都很难成为别人关注的焦点。

最开始录短视频时，我是在家里录的，后来同

事说可以去户外拍一拍，给用户不同的感觉。我觉得这太尴尬了，在小区里拍、在公园里拍，别人路过时看我怎么办？

这个问题怎么解决呢？很简单，就像我刚才说的，去尝试一次。我尝试了之后才发现，人们根本不会关注我，每个人都很忙，忙着做自己的事。

所以我现在在任何地方都可以打开手机进行语音写作，也可以直播。我经常在咖啡店里直播，在路边直播，在公园里直播，人来人往，没有多少人会真的关注我。好奇的人可能偶尔往我这边看一眼，紧接着便忙自己的事去了。

多尝试几次之后，你会更自信。这种感觉很奇妙：没有人在乎你，你反而更自信了。因为你发现，你是自由的，你的身体是自由的，你的灵魂也是自由的。每个人都可以自由地做自己的事情，活在自己的世界里，不用担心别人怎么看。

第四章

实战攻坚：高价值文本的生产系统

第一节
消灭口头禅：从"嗯啊"到专业表达的进化

在语音写作中，如何减少口头禅和语气词，是大多数尝试语音写作的朋友都会遇到的问题。

一、什么是口头禅

有的人能察觉到自己的口头禅，有的人不能，还有的人有时能察觉，有时又不能。在公司的一次会议上，刘可乐发言后，我告诉她，在短短几分钟的发言里，她频繁地使用"然后"一词，几乎每隔一两句话就会出现一次。她自己并未察觉到这一点，经过我提醒后才意识到。我建议她在表达时可以刻意留意这一点，或者如果有较长的发言，可以录下来查看回放。

口头禅并非仅在语音写作时出现，它是一个人长期形成的说话习惯。只是在语音写作时，这一习惯会被凸显并放大。平时说话时，大家对口头禅的接受度较高，但在文章中，大量出现口头禅显然不合适。

那么，口头禅究竟是什么？它是在我们说话

时无意识地频繁使用的字词或短语，在表达中往往没有实际含义。例如"然后""这个""那个""其实""就是""我觉得""我的意思是""这样子""怎么说呢""你看""对不对""基本上""简单来说""实际上""事实上""换句话说""总之"等。需要注意的是，这些词本身并不等同于口头禅，它们都有自己的意义和使用价值。但我们总在非必要时习惯性地频繁使用，这些词就变成了无意义的口头禅。

二、什么是语气词

语气词是用来表达说话者的情绪态度或者调整语句语气的词汇。它们在句子中通常不具备实际的语法功能，也不直接影响句子的基本结构，但对于传达说话者的情感和帮助听者理解语境至关重要。例如，"啊"可以用来表达惊讶、疑问或强调；

"吧"可能用于提出建议或做出假设；"呢"通常用于提问或延续话题，等等。这些语气词虽然在语义上不增加信息，但在实际交流中起到了非常关键的作用，可以帮助听者更好地理解说话者的情绪和态度。然而，我们也要避免无意识地高频使用某些语气词。

三、为何会出现不必要的口头禅和语气词

频繁地使用口头禅和语气词是因为我们形成了不良的说话习惯。因为使用口头禅和语气词能够对思考和语言组织形成缓冲，为表达输出留出更多时间。

四、如何减少口头禅和语气词的使用

（一）认知方面

要明确"表达的连贯和流畅并不等于嘴不停地说"。我们习惯于用很多口头禅和语气词来填充整个表达过程，以使表达更加连贯，但这种做法是错误的。表达的连贯性主要指语言具有逻辑性，表达的流畅性主要指使用相对准确的字、词、句进行表达，语速适中，思考没有长时间中断。

（二）行动方面

练习用停顿替代口头禅和语气词。在表达的过程中，如果需要稍微思考一下，重新组织语言时，就自然地停顿几秒钟。你会发现这样做不仅不尴尬，还会显得稳重、深思熟虑。在最开始的刻意练习阶段，每次进行语音写作时，我们都要在心里提醒自己：不要过多使用口头禅，不要过多使用语气词，必要时可以适时停顿。

（三）检查方面

一方面，每次语音写作完成后，我们可以专门查看本次写作出现了多少不必要的口头禅和语气词，如果次数较多，就需要再次提醒自己；另一方面，我们也可以经常在语音写作时进行录音，或者对自己在其他场景的发言（如会议发言、公开演讲、工作沟通等）进行录音。因为这些场景中的发言不是语音写作，更接近自然状态，我们更容易犯这种错误。通过多录音、多回放、多分析，我们会更加直接地感受到说话时存在大量口头禅和语气词是多么糟糕的表达习惯，这会为我们的改变提供更大的动力。

每个人在开口表达时，或多或少都会使用口头禅和语气词，但我们自己往往意识不到。而语音写作让我们意识到这个习惯的不足之处，促使我们改进。只要我们坚持练习，用不了多久就会有很大的进步。综上所述，语音写作在很多方面都帮助我们进行自我完善。

第二节
书面化改造：文本的转换密码

我们先来对比一下口语和书面语的定义。

口语是非正式、自然、直接的表达方式，有时可能会使用俚语、缩略词和非严格意义上的语法结构。书面语是一种正式的表达方式，遵循严格的语言规范，包括完整的句子结构、复杂的语法以及准确的词汇。

一、口语化写作的特征

简短的句子和简单的断句。口语中常见的断句使表达的内容看起来不完整或粗糙。

使用俚语和非正式表达。例如，用"啥"代替"什么"，用"挺好的"代替"非常好"等。

使用非正式的称呼。例如，使用"你""咱们"等直接的称呼方式。

经常出现省略。口语中常见的省略（如省略主语）在书面表达中可能会被视作语法错误。

重复使用感叹词。口语中的感叹词（如"哇""啊"）和为了强调而重复使用的词或短语，在书面表达中可能显得随意或冗余。

二、口语化写作真的有问题吗

实际上，在过去的 10 年里，无论是写公众号文章、短视频文案，还是写知识付费产品中的课程稿，我都采用了口语化的写作风格。从市场和用户的反馈，以及商业回报来看，这种风格本身没有什么问题。甚至，我认为时代在变化，我们的认知也应该随之改变。在当下的写作环境中，大部分写作都是在互联网平台上进行的，我认为口语化写作是互联网写作的首选，而书面语尽量只用于相对正式的场合，比如论文写作、图书出版。

为什么呢？因为在长期使用口语化写作的过程中，我发现它具有极大的优势。

写作效率更高。口语化写作更接近我们日常的表达习惯，能够让我们更快速地将想法转化为文字，从而提高写作效率。

更适合用户在内容平台上阅读。如今，我们创作的大部分内容是供用户在手机上利用碎片时间来阅读或收听的，采用口语化的表达方式，更符合用户的阅读和收听习惯，能够更好地吸引用户的注意力。

更简单直接地传递感情。口语化写作能够更直接地表达作者的情感，从而增强文章的感染力，让用户感觉更亲切。

有助于个性化表达。口语化写作能够更好地展现作者的个性，使文章具有独特的个人风格，帮助作者在众多创作者中脱颖而出。

三、口语化写作的注意事项

尽管我们刚才提到了很多口语化写作的优点，但并非所有的文章都适合口语化风格。需要声明的是，如果你是在写学术论文、商业报告等较为严肃、专业的文章，那么当然应该使用书面语写作。

在保留口语化写作优点的同时，使用语音进行口语化写作时需要注意以下三点。

保证用词准确。虽然口语化写作相对随意，但也要确保所使用的词语能够准确地表达你的意思，避免使用含糊不清或容易引起歧义的词语。

遵守基本的语法规则。即使是进行口语化写作，也要遵守基本的语法规则，保持句子结构的完整性和合理性，使读者能够清晰地理解你输出的内容。

保证文章结构清晰和逻辑通顺。在进行长篇幅的写作时，要保证文章的结构清晰和逻辑通顺，让读者能够跟随你的思路顺畅地阅读。

那么，如何更好地做到以上三点呢？

保留键盘打字写作时的好习惯。在语音写作之前，我们也要先确定主题，搭建文章结构，列出要点；在写作过程中，需要思考时就要认真思考，需要斟酌词句时就仔细斟酌。

养成编辑优化的习惯。语音写作完成后，可以采用朗读修改法，对字词句进行快速优化。这样既能保留口语化写作的优点，又能解决偶尔出现的用词不当、语法错误、结构不完整等问题。

在进行语音写作时，我们既要充分发挥口语化的优势，又要注意一些细节问题。通过保证用词准确、遵守基本语法规则和句子结构完整，以及在长篇幅写作时确保结构清晰和逻辑通顺，我们就可以在保留口语化写作优点的同时，提升文章的内容质量。

第三节

符号革命：AI 辅助下的符号自动化

在中文写作中，标点符号起着至关重要的作用。以下是中文写作时最常用的一些标点符号及其功能。

逗号（，）用于句子内部，分隔句中元素，是最常用的标点符号之一。

句号（。）标志句子结束，使用的频率非常高。

顿号（、）用于并列的词语之间，常用于列举。

问号（？）用于疑问句末尾。

感叹号（！）用于表达强烈的感情。

冒号（：）用于解释说明或引出下文。

分号（；）用于分隔比逗号更大的语义单元，比如复杂句子中的并列短句。

引号（""）用于标示直接引语、特殊名词或者表示强调。

括号〔（）〕用于插入补充说明。

书名号（《》）用于图书、文章、电影等作品的标题。

省略号（……）用于表达语句的不连续、内容省略或者语气的延长。

破折号（——）用于进一步解释说明或强调。

这些标点符号的使用频率，依据文本、语境和个人风格而有所不同。在语音写作时，标点符号的使用还与使用的软件有关。以手机自带的输入法为例，有以下几种解决标点符号问题的方法。

一、自动添加标点符号

（一）逗号和问号

当你连续说话时，输入法会根据基本语义添加标点符号。例如，句子过长需要断句时，输入法会自动添加逗号，而且一般添加得较为准确。同时在你说出疑问句时，它也能根据语气判断并自动添加问号。

（二）句号

一般情况下，句号不会自动出现，因为输入法无法判断你是否已经讲完。即使你说了很多内容，它通常也只会不断地添加逗号，所以需要你手动添加句号来明确句子结束。

二、语音控制打出标点符号

绝大多数标点符号都可以直接通过语音控制来输入。例如，你用语音说出"句号""感叹号""问号""冒号""分号""省略号"等，相应的标点符号就会准确地显示出来。有些你以为无法通过语音输入的标点符号，其实是可以准确显示的，比如你说出"艾特"，"@"就会显示出来；你说出"井号"，"#"就会显示出来；你说出"破折号"，"——"也会显示出来。需要注意的是，很多人可能没有意识到可以使用语音控制来输入标点符号。既然你在进行语音写作并使用语音输入法，就应该尝试这种便捷的方式。

三、语音输入时配合键盘打出标点符号

这种方法是我最常用的，因为效率最高。在语音写作的过程中，我一般都会一边看着屏幕，一边语音输入。此时，手机键盘打字的界面通常也是同时存在的，而且使用语音输入并不妨碍同时用键盘输入。因此，我经常在语音输入的同时，通过键盘输入标点符号，尤其是最常用的逗号、句号、问号、感叹号等标点符号，它们刚好在屏幕上显示，随手一按就可以输入。而且这种方式完全不会影响语音写作的连贯性，在一段话写完后，我还可以随手按一下键盘上的"换行"键来实现换行或分段，进一步提高语音写作的效率和质量。

四、后期统一修改标点符号

标点符号的问题相对较小，在完成整篇内容的写作后，再统一进行修改也可以。在修改过程中，你可以根据语义、语境和表达需要，对全文的标点符号进行检查和调整，确保标点符号的使用正确、恰当，从而使文章更加通顺、易读。在语音写作过程中，你不必过于纠结标点符号的问题，重点是先将内容完整地呈现出来，再通过后期修改来完善标点符号的使用。

第四节
消灭错误：消灭语音写作的基本输入错误

一、对技术与训练的信心

我们有理由相信，随着技术的不断进步，语音写作的输入错误将会越来越少。近年来，语音识别技术的准确率已经在逐步提升，这一趋势将持续下去。

通过训练，你也能够有效减少输入错误。随着练习的积累，你会逐渐掌握语音写作的技巧，提高输入的准确率。

二、正视当前可能存在的输入错误

尽管技术水平和个人能力在不断提升，但从目前的情况来看，在语音写作过程中，仍可能会出现一些输入错误。很多人在语音写作时会遇到这样的问题：点开语音输入按钮开始写作，说了 5 分钟才发现没有录上，或者写完后发现有很多缺漏和大面积错误。那么，该如何应对和解决这些问题呢？

（一）语音写作的正确习惯

我想问大家一个问题：在进行键盘打字写作

时，你会闭着眼睛打字吗？会不看屏幕上正在显示的内容吗？显然，大多数人都不会这样。我们的习惯是一边看着屏幕，一边打字。语音写作也应该遵循这样的习惯，即一边看着屏幕，一边进行语音输入，这样可以及时发现并改正错误。

（二）具体应对措施

第一，如果在写作过程中发现没有成功点开语音输入按钮，很简单，重新点一下即可继续进行语音写作。

第二，在写作过程中，如果感觉需要停下来思考一下，可以点击停止按钮；当重新开始写作时，再点击相应的开始按钮即可。

第三，遇到语音转文字比较慢或者卡住的情况时，可以选择暂停一下，等待其恢复正常后再继续写作。

第四，当出现简单的输入错误时，可以随手进行修改。

　　这些控制或纠错调整是在开着语音输入的同时进行的，并不需要关闭语音输入。因为语音输入和键盘输入可以并行操作，这样可以保证写作的连贯性和效率。

　　关于是否有必要一边写作，一边修改这个问题，我个人认为，马上进行修改更好，因为修改这些简单的错误并不耽误多少时间。同时，我认为短暂的调整也可以让自己的思考压力得到缓解，有助于保持良好的写作状态。

第五节
黄金流程：从语音输入到高级文本的进阶路径

　　无论是语音写作还是键盘打字写作，底层逻辑基本一致，流程大致相同。本节侧重于讲解高效的语音写作需要注意的要点。

一、日常积累型写作

日常积累型写作指的是当下的目标并非写作，只是将一些有意义的想法记录下来。

（一）高效储备写作主题

语音写作对于日常积累型写作的一个巨大帮助在于高效储备写作主题。我们在阅读文章、看书、刷短视频、看直播时，大脑由于频繁地受到刺激，经常会不断产生各种想法。然而，过去我们的写作习惯是用键盘打字，所以在产生想法时不方便随手记录，导致许多想法只是出现一下，随后便消失了。

还有一些更重要的想法，是在我们观察、做事、与人打交道等很多实践过程中产生的，往往也没有被随手记录下来，非常可惜。这些想法和灵感恰恰是最宝贵的，因为它们不是为了写作去刻意琢磨的，而是油然而生、自然迸发的。如果能够把这些想法很好地记录下来，将来写作时，就不会为没有内容可写而发愁了。

现在有了语音写作，大家在产生这些想法时，应该条件反射式地打开手机，用语音写作的方式将其记录下来。这里需要注意的是：不需要完成写作，只需记录自己的想法，哪怕只是一个主题。

为什么要这样做呢？因为如果每次都要去完成写作，那当时正在进行的事情就会被中断，比如看书、工作、听课等。如果养成了"每次都为了完成写作，中断正在进行的事情"的习惯，就会让写作这件事变得"沉重"，导致每次一想到写作就会有心理负担，这是我们最不想要的结果。我们希望的是把这件事做得最"轻"，有任何想法时就打开手机，用语音写作储备主题，然后继续完成正在进行的事情。

（二）随时填充要点完善框架

这一点与上一点类似，只不过有些想法不需要独立储备为一个写作主题，可以填充到已经梳理好的一些主题之下。就这样陆续填充着，有些主题就已经储备了很多写作要点，一个基本框架也就形成了。

例如，我最近想写一本和健身相关的书，我罗列了一些主题，但大部分主题下都是空着的，还没有填充具体的要点。我每天都会健身，也会看一些健身视频，在这个过程中，我经常会产生相关的想法，包括一些观点认知、自己的健身经验、健身博主对我的启发等。每次产生这些想法时，我都会随手打开手机，用语音写作的方式快速将它们填充在已经储备好的主题下。一段时间过后，很多主题下面的要点就很丰富了。

再比如，我在写语音写作的方法论时，也采用了这种方法。我先把语音写作的整个框架搭出来，这样每个部分的主题都有了，但每个主题下的内容都是空着的。我自己每天都会进行语音写作，在实践中会产生很多对语音写作的认知和经验。每当有一个想法产生时，我就会打开手机，用语音写作的方式，把它记录在对应的主题之下。注意，这里依然不要去展开写，只是记录要点。

（三）找整块的时间完成语音写作

随着时间的推移，主题和要点越来越丰富，所以我们需要找时间去将它写完。

由于这是日常积累型写作，很多内容不需要在当下就把它完整地呈现出来，所以这一部分的写作有一个原则——"每次挑熟透了的写"。所谓"熟透了"，指的是主题让你念念不忘，要点已经罗列了很多，框架基本成型。在这种情况下，只需要一块相对完整的时间，比如半小时到1小时，你就能快速地写成一篇 3000 字以上的文章，而且质量还非常高。当然，有些内容不需要写那么长，可能10 分钟就能高质量地完成一篇 1000 字以内的文章。

二、当下冲刺型写作

当下冲刺型写作指的是当下有一个写作任务，有明确的主题和截止时间，必须在有限的时间内高质量地完成写作。在这种情况下，语音写作是绝佳选择。

例如，2024 年 11 月，我在昆明举办了一场线下活动。由于没有时间提前准备，我在当天用一个半小时左右的时间，通过语音写作完成了一篇演讲文稿。又如，2024 年 12 月，我在月度演讲分享直播前的 1 小时，用语音写作完成了分享稿的写作。其实，我在写热点文章时也会采用这种方式。

那么，如何用语音写作完成冲刺型写作呢？

（一）做好写作时间的分配规划

我们要明确总共有多长时间可以用来写作，然后根据总时间大致分配素材收集时间、梳理思考时间、语音写作时间和修改完善时间。做好这样一个大概的时间规划后，就开始严格执行。

（二）确定主题后大量搜索优质素材

如果我们的写作需要外部素材支撑，比如要追一个热点事件、热点话题、热门人物，或者要写一篇系统性的干货文章，就需要大量搜索相关素材。具体的搜索方法在《学会写作》中有非常详细的讲解，这里不再展开。如果我们的写作不需要外部素材支撑，就要快速调取脑子里关于这个主题的所有想法，不用管这些想法有没有逻辑关系，每一个都用语音写作的方式快速记录下来。

（三）研究分析，挑选素材，语音记录思考

对于需要外部素材支撑的写作，我们要快速研究分析这些素材：一方面，把可能在写作时用到的素材挑选出来；另一方面，在选择素材的同时，用语音写作记录即时产生的各种想法。写作需要很多个性化思考，否则就会变成外部素材的堆砌。这一步完成后，大量素材就变成了少量可用的素材，我们也完成了对自己想法的记录。对于不需要外部素材支撑的写作，我们要整体审视所有与主题相关的要点，删掉没有用的，剩下的进行同类合并。

（四）梳理素材和想法，搭建基本框架

这一步要搭建基本框架，我们要用语音写作的方式把各部分的小标题写一写，再把每个小标题下的内容要点写一写，然后把相关素材放在对应的部分。

（五）完成文章，修改完善

最后，我们要进行限时快速推进的语音写作和修改完善。这里有一个技巧，就是把前面几步准备的所有内容单独放在另外一台设备上，如电脑或另一部手机。如果只有一部手机，也要将素材内容和写作内容放在不同的文档里，不要直接在材料的基础上进行语音写作，而应该在一个新的文档里重新写作。在写作的过程中，我们要看着前面准备好的那些材料进行写作，发挥语音写作的优势，最大限度地减少拖延和卡壳，快速完成初稿。初稿完成后，不管质量是 60 分还是 70 分，都离成功不远了。

语音写作作为一种高效的写作方式，无论是日常积累型写作还是当下冲刺型写作，它都能发挥巨大的作用。通过合理规划写作流程，充分利用语音写作的优势，我们可以更高效地完成写作任务，同时保证文章的质量。大家可以在实际写作过程中根据自己的需求和情况，灵活运用这些方法，不断提升自己的写作能力和效率。

第六节

模式选择：半即兴演讲型语音写作和打磨式语音写作

这一节我们来探讨两种语音写作方式：半即兴演讲型语音写作和打磨式语音写作。

一、半即兴演讲型语音写作

半即兴演讲型语音写作是指提前确定好主题和基本框架，然后通过语音写作一气呵成地完成写作任务。这种写作方式与演讲有相似之处，演讲者一旦开始演讲便不会中断，直至结束。而半即兴演讲型语音写作也是一旦开始，就不能中断，直至完成整个写作过程。

但与传统的演讲不同的是，半即兴演讲型语音写作并非完全依赖提前准备好的内容，也不同于即兴演讲那样过度依赖临场发挥。在半即兴演讲型语音写作中，你可以提前准备好写作主题，搭建好框架并列出要点。半即兴演讲型语音写作的优势主要有以下两个方面。

（一）快速完成写作任务

2022 年，我同时发售了 3 门课程，按照以往的写课节奏，我根本无法按时完成任务。最终，我采用的方法是将每节课的题目设置成直播预约的主题，通过一场场直播，快速完成课程的写作。具体做法前文已经介绍了，此处不再赘述。通过这种方式，我按时完成了所有课程的更新。后来在"新媒体变现圈"社群里的课程分享，我也延续了这种做法。现在，遇到一些比较紧急的写作任务时，我仍会采用这种方式。

（二）锻炼即兴表达能力

在半即兴演讲型语音写作中，"半"的含义是我们提前规划好了主题和框架要点，有相对充分的准备，但具体内容仍采用即兴表达的方式。这种写作方式可以很好地锻炼我们的即兴表达能力。锻炼即兴表达能力，实际上也是在锻炼自己快速思考、快速组织语言以及控制情绪等诸多层面的能力。

二、打磨式语音写作

打磨式语音写作，其实就是正常的语音写作。为了与半即兴演讲型语音写作进行概念上的区分，我加上了"打磨式"三个字。它与半即兴演讲型语音写作的最大区别在于：在写作的过程中，我们可以不断地停下来思考，然后继续写作。这种方式其实就跟键盘打字写作一样，一边思考一边写，甚至一边写一边修改。这种写作方式也是我们经常使用的写作方式，采用这种方式写出来的文章质量比较高，写完之后不用再花大量的时间进行修改优化，可以慢慢写，心理压力相对较小。

三、两种语音写作方式的选择

这两种语音写作方式我们都应该掌握。半即兴演讲型语音写作具有一定的挑战性，每个人都可以专门尝试和练习，因为在很多时候，它可以帮助我们快速完成写作任务，同时锻炼我们的即兴表达能力；而打磨式语音写作则可以作为我们日常的写作方式。

面对以下这些情景时，我们最好采用半即兴演讲型语音写作：

- 临时接到写作任务；
- 马上到截止时间，不得不尽快完成写作任务；
- 短周期内有大量写作任务；
- 状态不佳但必须写作。

半即兴演讲型语音写作经常可以"救我们于水火"，因为它会产生很大的瞬间压力，促使我们爆发式地完成写作。但正因如此，我们日常写作最好不要经常采用这种方式，否则始终处在高压之下，对保持健康的写作心态会产生负面作用。

所以，在特别需要用到半即兴演讲型语音写作的时候，我们要果断地使用，而在平时，采用打磨式语音写作即可，享受一字一句连段成篇的写作过程。

高手之路：百万字级的终极进化

第一节
创作哲学：语音写作的神秘面纱

这一节我们来探讨一个认知问题：语音写作到底能不能提高写作能力？很多人看到我在直播间现场演示语音写作，5 到 10 分钟就能写好一篇小短文，觉得非常神奇，纷纷在评论区询问我使用了什么"高大上"的软件。其实并没有什么"高大上"的软件，我用的仅仅是输入法中的语音转文字功能。有些人会误解，认为这种写作方式能大幅度提高写作能力。

实际上，从单次写作来看，语音写作本身并不会直接提高写作能力。如果你原本的写作能力就很强，使用语音写作就会帮助你实现效率翻倍；如果你原本的写作能力较弱，使用语音写作暂时也无法改善你的写作水平，不可能因为从键盘打字写作切换到语音输入，写作能力就得到了提升。从这个角度看，语音写作不能直接提高写作能力。然而，从长远来看，长期进行语音写作又可以提高写作能力，原因有以下几点。

一、极大地提高写作量

语音写作能够显著地提升写作效率，从而让我们在相同时间内能够完成更多的写作内容。写作量的增加，对于锻炼写作手感、提高语言的质量以及熟练应用各种写作技巧，都有巨大的帮助。通过大量的写作实践，我们可以更好地掌握写作的节奏和韵律，使语言表达更加流畅自然，进而提升整体的写作能力。

二、极大地丰富写作场景

语音写作几乎不受场景限制。无论是在走廊、马路上、出租车上、高铁上、飞机上、餐厅里、咖啡店里、商场里，还是躺在床上、坐在沙发上，我们都可以进行语音写作。这种广泛的写作场景，让我们能够更好地训练"把模糊的想法变成清晰的文字"的能力。在日常生活中，我们时刻都在产生各种想法，但大多数想法都没有机会转化为清晰的文字，我们也缺乏相应的转化训练，而语音写作打破了这一局限，让我们能够在各种场景中随时记录和整理想法，长期坚持下来，对写作能力的提高也有着极大的帮助。

三、极大地减少情绪内耗

语音写作可以让我们以最低的情绪成本进行写作。如果每次写作都需要营造一个非常正式的环境，会让人感觉写作是一件很麻烦的事情，从而产生抗拒心理。这也是很多人无法坚持写作练习的原因之一。很多人觉得写作很重要，下定决心持续练习，坚持了一段时间后还是会产生抗拒，最终放弃写作提升计划，很长时间不再写作。而语音写作的便捷性，让我们既可以随时随地、轻松自在地打开手机进行写作，又可以在有事时随时暂停，等事情处理完后继续写作。这种"无痛"写作的方式，让我们不再抗拒写作，减少情绪内耗，更有助于日复一日地持续写作，从而提升写作能力。

综上所述，单次语音写作不会直接提高我们的写作能力，但从长远来看，语音写作提高了写作量、丰富了写作场景及减少了情绪内耗，确实能够有效提高我们的写作能力。

第二节
场景革命：语音写作的创新应用

我们来讨论下语音写作相关的几个创新应用场景。在一些场景中，我们本来就需要输出内容，但往往只是输出了，具体内容并没有被记录下来，这其实是一种浪费。我们可以梳理一下这些场景，从此以后，在这些场景中都用语音写作的方式，把这些内容沉淀积累下来。

我写这本书的灵感来自一次偶然的聊天。我有一位朋友，也是一名创业者。有一天，他从北京到我的咖啡店来找我，我们聊了 3 个多小时。我们探讨了很多重要的创业问题，有很高质量的讨论内容，但都没有记录下来。我后来就在想，我在回答他的过程中，为什么没有拿出手机进行语音写作。如果这样做了，可能这 3 个多小时的内容至少可以整理出 5 篇小短文。然而，当时并没有记录，后面让我再按照回忆重新写出来，已经是不可能的了，一方面当时的状态不可复制，另一方面当时讲的内容也无法完全记起。就算可以这样做，也还要再占用额外的时间。

所以，我后面就在想，既然语音写作这么方便，就应该总结一下都有哪些这样的应用场景，可以用语音写作去放大它的价值。

一、重要的交流场景

你跟同行的朋友探讨行业问题，或者有人向你请教问题等，所有这些有意义的场景都可以有意识地用语音写作的方式，把交流过程中的好内容整理出来。聊天结束后，你再拿出 10 分钟对记录的内容稍做整理，就可以形成一篇文章。

二、直播间的提问

如果你是知识博主或者经常写作的人，那么你在直播的过程中，可以记录下直播间的好问题，然后在开始回答前先点开语音输入，等你把这个问题回答完，也就通过语音写作把这篇文章写完了。最后，再修改完善下，就可以发布在社群里了。

三、演讲、分享、讲课、聚会时的答疑

我会开设很多的线下课，每次的线下课我都会留下比较长的答疑时间。在这个过程中，我会遇到很多好问题，就可以通过语音写作把问题和回答都记录下来。

在这些场景下，我们往往能产出更多的好内容，因为这些都是在真实具体的场景中，在轻松而富有创造力的状态下进行的高质量交流。

第三节
辩证看待：语音写作蕴含的机会

很多人刚开始进行语音写作时，会遇到诸多问题。有些人在遇到问题后，便逐渐放弃了语音写作。而在前面的内容里，我已经为大家提供了许多解决问题的方法。这一节，我们从另一个视角来探讨这些问题——很多问题其实应该反过来想，这时问题就变成了机会，蕴含着价值。

例如，你担心自己不会思考，所以不敢报名写作训练营，如果反过来想，正是通过和他人一起写作，才能逼着自己慢慢学会思考；你担心自己的积累不够多，所以不开始写作，如果反过来想，正是因为坚持写作，每天必须输出，才会倒逼自己每天输入，而且还会促使自己提高输入的质量和数量。

在语音写作方面，还有哪些问题可以反过来思考呢？

一、关于口头表达的顾虑

有人表示自己不擅长口头表达，更愿意打字。反过来想，口头表达重要吗？非常重要，甚至比写作更重要。在生活中、工作中，我们每天都在使用口头表达进行沟通交流。平时你可能没有机会直接锻炼口头表达，而语音写作却可以直接帮助你锻炼。所以，你越觉得自己不擅长口头表达，就越应该进行语音写作，逼着自己不断提升口头表达能力。

二、关于说话不清晰的担忧

有人担心自己说话不清晰，无法进行语音写作。反过来想，说话表达吐字不清晰，本身不就是自己应该解决的问题吗？即使你不进行语音写作，也应该解决这个问题。此时，你恰好可以利用语音写作来倒逼自己解决这个问题。因为吐字不清晰，语音识别的准确率就会降低，会产生大量错别字，修改起来比较麻烦。为了减少错别字和修改所花费的时间，你在进行语音写作时会逼着自己吐字更清晰。时间长了，你说话不清晰的问题就会慢慢解决。

三、关于表达不简洁的困扰

有人认为自己的表达不简洁，口头禅和语气词太多，不适合语音写作。反过来想，语音写作可以倒逼你成为一个表达更简洁的人，这难道不是好事吗？因为当你进行语音写作时，如果不改掉这个毛病，生成的文字里就会有各种口头禅和语气词。所以当你决定使用语音输入时，就会要求自己去掉不必要的口头禅和语气词，每一句话都想好了再说，不再先说"嗯"和"啊"，也不再频繁使用"然后"。

四、关于不能连贯输出的疑虑

有人觉得自己不能连贯输出，所以不适合进行语音写作。连贯输出是指在任何时候，你一开口就可以流畅地说 5 句话、10 句话，写作时可以流畅地连续写很多内容。键盘打字写作无法很好地锻炼连贯输出，因为你可能会不由自主地停下来。而语音写作虽然也可以随时停下来，但它的形式更容易让人本能地想要维持一种连贯性，类似于一种连贯输出的刻意练习。这就像拍短视频可能无法让你练习连贯输出，因为你觉得反正后期可以剪辑，但直播这种形式，就更容易让你有意识地维持表达的连贯性。

五、关于不够自信的顾虑

有人觉得自己不够自信，不喜欢语音写作，尤其在旁边有人的时候。反过来想，自信是你一生都要面对的课题，你也可以通过语音写作来锻炼。你能够接受在大街上直播吗？能够接受在大街上旁若无人地拍短视频吗？能接受坐在咖啡店里、走在人很多的街上、在出租车上随时对着手机进行语音写作吗？很多人是做不到的，一个很大的原因是不够自信。你觉得别人会看你，你猜测别人会怎么评判你，你会觉得不好意思，你会特别在意别人的看法。反之，语音写作是不断提升你自信的一种方式。不断练习，总有一天，你能够在直播间里直接进行语音写作，在公开场合也能够自如地进行语音写作。能够这样做说明你拥有自信了，不再担心别人如何看待自己，也不担心别人如何评价自己。一旦建立了自信，你的生活和事业都会更上一层楼，你会活得很轻松、很自在。那时，你的创造力就会更强，你的效率也会更高。

大家可以尝试反过来思考这些问题，或许就能想通，觉得更应该进行语音写作了。

第四节
六阶进化：从入门到精通到高手

这一节，我将详细讲解语音写作从入门到精通再到高手的六步进阶方法。

一、第一步：从微信聊天开始

语音写作最初的最大困难是不习惯语音输入。多年来，我们早已习惯了用键盘打字输入，突然改变这个习惯会非常困难，就像戒烟、改掉熬夜的习惯一样不易。因此，我们不能奢望一下子将输入方式完全改为语音输入，而应该选择一个特定的刻意练习场景，最好就是从微信聊天入手。

这是因为微信聊天具备以下特点：

- 每天都会进行；
- 每次输入的总量不大；
- 每次输入都是碎片化的；
- 频率较高，每天至少几十次。

这些特点共同保证了每次练习的难度不大，但练习的频率和持续性都很好。

二、第二步：将生活和工作中所有的打字输入都变成语音输入

这一步是为了进一步养成语音输入的习惯。需要通过打字来输入内容的场景非常多，除了微信聊天，我们有时候要搜索东西、发朋友圈、制订工作计划、回复邮件、书面回复工作相关的信息等。如果我们只在微信聊天时使用语音输入，切换到其他场景可能还是会不自觉地打字。所以，现在我们要改变的是需要输入时的第一反应。通过这个训练，慢慢地让自己每次要输入时的第一反应都采用语音输入。

三、第三步：碎片化语音写作

到这一步，我们就可以进行最小篇幅的写作训练，字数在 300 字左右，给自己的要求就是在规定时间内相对连贯地完成一篇文章。例如，

- 读完一篇文章或一部分内容后，写下一些想法；
- 听完一节课后，写下收获；
- 看完一场直播后，写下启发。

生活和工作中发生的任何值得记录的事情，产生的任何值得记录的想法，我们都可以打开手机，进行一次 300 字左右的语音写作。

四、第四步：语音写作千字文

千字文就是一篇正儿八经的小文章了，有主题，有开头、结尾和中间部分，有观点、认知，也有案例。从这一步开始，我们就正式练习语音写作了。你可以每一两天完成一篇文章，每一篇都按照前面内容讲的语音写作的流程进行，每次花 10 到 30 分钟。

五、第五步：语音写长文

长文一般指 2500 字以上的文章，这个标准相对客观。大部分优质公众号的文章不会少于 2500 字，通常在 2500 到 5000 字之间，当然也有更长或较短的。我们进行语音写作时，要记住键盘打字写长文的流程基本都要保留，如做选题、搜索素材、搭建框架、写初稿、修改等，这样才能保证文章的高质量。同时，写作过程中的所有环节，如搜索素材、梳理素材、搭建框架、写初稿等，我们都用语音输入，尽可能发挥语音写作的优势。我们每周至少要进行一次训练，每次练习 1 到 3 小时（如果需要更久也可以），高质量地完成一篇或多篇文章的写作。

六、第六步：语音写课程内容、写书

这一步因人而异，因为很多人可能既不需要写课程内容，也不需要写书。能用语音写作熟练写长文后，就已经算是语音写作高手了，如果你想进阶，就可以尝试写课程内容或写书。比如这本书，我全程都是用语音写作完成的，除了特别忙的日子，一天写一节完全没问题，综合下来一个多月就把这本书写完了，平均每一小节用时 40 分钟左右。在写这本书期间，我还每天健身，同时写一本关于健身的书，也是用语音写作的方式。每次健身结束，我就坐在瑜伽垫上进行语音写作，每次写 10 到 20 分钟，坚持下来，一本书很快就写完了。

讲到这里，我也希望每个喜欢写作的人，都要敢想敢做。很多人觉得出书是不可能的，但世界上没有不可能。任何人在任何一个领域，有自己的一套方法论，有自己独特的经历，其实都是有资格写一本书的。只要不急于求成，用 3 年或 5 年的时间，每个人都有机会实现这个目标。

第五节

21 天、100 天、365 天：量变引发质变的临界点

我们可以将语音写作的学习与提升划分为 3 个阶段：21 天入门、100 天精通、365 天成为高手。每个阶段都有其特定的目标和任务，通过循序渐进的练习，我们就能逐步提升自己的语音写作能力，

最终达到高手水平。

一、21 天：入门

（一）学习

首先，你必须认真学习语音写作。由于大多数人对语音写作存在很多误解，所以在实践中遇到很多困难，而这些问题都源于认知不足。因此，你要学习语音写作的相关认知，重新认识这一写作方式，同时也要学习专属于语音写作的写作方法。认知不到位，实践就无法有效开展。

本书至少要学习两遍。第一遍快速学习，你可以在三五天内读完整本书，快速建立对语音写作的基本认知；第二遍则要慢学，一节一节地深入学习，一方面充分理解吸收书中的内容，另一方面将所学知识运用到实际练习中。

（二）养成语音输入习惯

在 21 天内，你要将语音输入变成输入时的第一自然反应，使其成为一种条件反射，成为潜意识的第一选择。那么，如何养成这个习惯呢？可以参考前文提到的 3 点：

- 从微信聊天开始；
- 在生活和工作中，将所有打字输入都改为语音输入；
- 进行碎片化语音写作。

二、100 天：精通

在保持语音输入习惯的同时，你需要进行以下刻意练习：

- 每天进行一次朗读训练，提高发音的准确性、语调的自然度及语速的控制能力。

- 每天进行语音写作千字文的练习，通过持续的写作实践，提升写作的流畅性和逻辑性。

- 每周完成 1 篇 2500 字以上的长文语音写作，锻炼自己长篇写作的能力，学会合理规划文章结构和内容。

- 每次进行语音写作时，刻意围绕准确性、节奏、语速、力量、自信、情感等方面进行练习，全面提升综合素养。

- 进行一定比例的"不中断"语音写作练习，培养连贯表达的能力，避免写作过程中的卡顿。

- 半即兴演讲型语音写作和打磨式语音写作交替练习，通过不同的写作方式，丰富自己的写作技巧和风格。

经过 100 天的刻意练习，你将精通语音写作。除了写作能力得到显著提升，你还能成为"嘴上功夫"厉害的人。在沟通、表达、演讲，甚至日常聊天时，你都能够更快地反应，更准确、更有逻辑、更有条理地组织语言，实现高质量输出。在这之后，你会达到某种程度上的出口成章：只要开口讲话，就是有主题、有结构、有逻辑、有观点、有案例的，而且有一定篇幅。

三、365 天：高手

通过了精通阶段后，想要成为语音写作高手，就没有什么捷径了，只能交给时间。经历足够丰富的实践，持续进行刻意练习，不断优化改进，你就会慢慢达到高手水平。

语音写作高手是怎样的存在呢？他们已经借助语音写作，成为可以随时随地、任何场景下都能轻松进行写作的人，成为把写作和思考当成生活方式的人。在任何时间、任何地方、任何场景里，他们都想要写作，因为他们时刻在思考，于是他们的大脑越来越强大。

需要说明的是，21 天入门、100 天精通、365 天成为高手，这里提到的天数并不是自然日，而是有效练习的天数。例如，在 100 天内你只有效练习了二三十天，那么你当然无法做到精通。如果你无法持续不间断地进行高强度刻意练习，那么这几个时间数字可能需要翻个两三倍。另外，我们这里所说的精通和高手，并不是完全指写作能力，其中很大一部分是指用语音写作的能力。要使写作能力达到高手，你还需要精进更多写作层面的技巧。

第六节

3万、30万、100万：文字量的认知升维

一、没有数量，就没有资格谈质量

　　2024年1月，我首次接触漂移。当时，我和几个大学同学在云南游玩。因为我们都喜欢汽车，

所以决定尝试学习漂移。在抖音平台上找到一位漂移教练后，我们三人便开始了为期一天的学习。练习下来，我发现自己连基本的定圆漂移都没有掌握，只能偶尔成功一次。虽然发了个视频扬言自己学会了，但心中难免沮丧。春节过后，我依然心心念念，便联系教练再次学习，慢慢地从定圆漂移练起。尽管过程艰难，甚至有些绝望，但我始终没有放弃，最终渐渐掌握了漂移技术。

在后来的学习中，我看到其他人快速地学会漂移，还常常觉得自己愚笨，学习速度远不及他人。后来，教练给我揭示了真相，他指出："其实你并不笨，只是驾驶经验尚浅，理解与感觉不够。"我在 2023 年才获得驾照，开始学习漂移时驾龄刚满一年，由于技术不熟练，所以起步时经常熄火。

这一经历让我备受启发，联想到写作，无论使用多么高超的写作技巧或多么认真地进行刻意练习，如果没有足够的写作量作为支撑，便无法真正提升写作水平。基本的写作量，哪怕是无意识的积累，也能显著提高写作能力。这就是最基本的写作手感，绝对不可或缺。

语音写作同样适用。即便你在键盘打字写作方面已经有了较多的积累，语音写作仍需要重新经历量的积累过程。语音写作涉及发音的肌肉记忆，口头表达的节奏感与流畅性，以及大脑与嘴巴的配合，这一切都需要培养。即使你的键盘打字写作水平较高，也不意味着能够直接转化为语音写作水平。

语音写作从入门到精通的过程中，起步所需的写作量大致为 3 万字；要达到精通，可能需要积累到 30 万字；而要成为高手，则需要超过百万字。在以前的网络文学圈内，有个说法是"100 万字成神"，这一理念在自媒体写作同样适用。如果按照每篇大约 3000 字计算，100 万字就是大概 300 篇文章的写作量。这一理念也适用于语音写作。

　　当然，这些数字结论是基于我 10 年写作和 7年写作培训的综合经验得出的。总体而言，每个人的情况会有所差异，这与练习的质量密切相关，这也是接下来要讨论的内容。

二、有质量的数量才有意义

　　仅仅满足数量并不足以保证写作水平的提升。大家的写作时间相同，但练习的效果却大相径庭。这是因为不同的人在练习过程中，优化和改进的程度各异。有的人可能只是随便完成写作任务，将其视为走过场，而另一些人则在每次写作中都进行刻意的练习与优化。例如，有的人每次在起标题时都尝试用课程所教的方法，有的人在构建框架和进行逻辑论证时都力求提升。类似地，在进行语音写作时，有些人努力追求每次的准确性、流畅性，努力减少口头禅和语气词。这样的努力往往能使他们在 1 年内取得的进步超过别人 3 年的成绩。

练习漂移时，每一次练习我都尽量将其当作比赛，集中注意力抓住每个机会，实现脑海中的技术构想与线路策略。同时告诉自己即使不能顺利实现也无妨，关键是牢记这次未完成的原因，争取在下一次练习中克服困难。并且，我会拍摄练习过程，利用休息时间观看回放，从而不断改进。这种有意识的练习显然提升了我的技巧。

因此，保证数量是第一步，而拥有高质量的练习数量则是第二步。

三、量化任务，习惯推进，做时间的朋友

快速提升任何能力，都需要设定目标、制订

计划，并努力高质量地执行，语音写作训练同样如此。如果我们以 3 万字、30 万字和 100 万字作为写作目标，那么可以制订相应的推进计划，并将任务量化到每天、每周和每月。

例如，在最初的 1 个月内，可以设定每天语音写作 1000 字；1 个月后提升到每天 2000 字；半年后，维持在每天 3000 字以上。我们可以通过日常聊天、碎片化写作、写千字文、创作长篇作品等多种方式来开展综合实践，各阶段的写作量目标便不难达成。

对于非职业作者来说，每天投入大约 1 小时进行写作，熟练后可以缩短到半小时；而对于职业作者即内容从业者而言，每天应该投入 1 到 3 小时进行写作。如果你希望在较短的时间内实现快速进步，可以在上述的基础上再增加练习时间，待熟练后再减少练习时间，最终找到适合自己的写作量和时间安排，确保写作成为一种生活方式，日日不辍。

有了长期目标、中期规划和日常练习任务后，最重要的就是不要心急，学会坚持，让时间慢慢给自己答案。我们应依靠习惯来推动自己的写作，不必每天计算确切的写作量，也无须精确地追踪时间，了解大致的进度即可。持续推进，做好时间的朋友，在一段时间后再回顾，我们会得出一个道理：努力终能修成正果。

至此，本书的内容已经全部结束。如有必要，可以重温前文。这类似于反复观看一部电影，首次观影多是出于新鲜感与刺激，如果想深刻领悟优秀电影的内涵，就需要反复品味。读书亦是如此，第一次读，获得了感受，第二次、第三次深入地读，才能真正有所收获。